書下ろし

神話をひも解きながらめぐる
神社の旅

合田道人

祥伝社黄金文庫

本書は祥伝社黄金文庫のために書下ろされました。

はじめに

私のふるさと、北海道札幌に鎮座する北海道神宮から御朱印をスタートしたのが2012年6月のことである。

実はそれまで、それほどまで私は、神社などに興味を持っていなかった。ところがこのタイミングで何かが開かれたかのように、まるで導かれるかのように急に神社を巡り出した。御朱印帳を始めて3年を経過、私の御朱印帳は現在13冊目を数えている。

重複している、つまり何度も足を運んでいる場所もあるし、御朱印をいただけない社もあるから、この3年で優に500社以上の神社にお参りに行ったことになるだろう。

その体験記ともいうべき『全然、知らずにお参りしてた　神社の謎』（祥伝社黄金文庫）を発刊し、思わぬベストセラーとなり、続編『さらにパワーをいただける　神社の謎』も発売された。私の本を読んでから「神社参りが趣味になりました」「パワースポットを追いかけています」といったメールやお手紙もよく頂戴する。

ところがいろいろな神社にお参りするうちに、『古事記』や『日本書紀』とよばれる、神話の中に登場する神々が祀《まつ》られている神社が多いことに気づき、神話に興味を持った人たちも多かったようなのである。

明治維新以降は、神道というものが国教化されたことにより、奈良時代の初めに編纂《へんさん》された日本最古の歴史書『古事記』（712年発刊）、『日本書紀』（720年発刊）（ふたつ合わせて〝記紀〟とよぶ）の中の神話は絶対的権威を持っていた。記紀は古くから親から子へ、人から人へと語り続けられた日本の成り立ちや歴史、そして天皇家の正統性を伝えるために編纂されたものである。

太平洋戦争が終わるまでは、小学校の低学年から初代天皇とされる神武《じんむ》天皇から現在の天皇の名前まで暗記し、天皇家イコール神と崇《あが》めてきた。

ところが戦争が終わって、天皇が人間宣言を行なうと神話もまた、忘れ去られる運命をたどっていった。それでも昭和40年代あたりには、「いなばの白うさぎ」や「海幸山幸《うみさちやまさち》」などが童話やおとぎ話として復活したが、それも今日の子供たちには知らない話になっている。〝神話を知らない〟、つまり今、自分たちが生きている日本の興《おこ》りとされるものを知らない日本人がどんどん増えているということになるわけだ。

『古事記』『日本書紀』の名は、学校の日本史の授業には出てくるものの、一体そこに何が書かれているかは教えられていないのだ。

ところが、2013年の伊勢神宮《いせじんぐう》、出雲大社《いずものおおやしろ》の御遷宮《せんぐう》によって神社の一大ブームが起き、参拝者であふれ返った。そこにパワースポットブームや御朱印ブームが重なり、全国各地の人気神社に人々は関心をもって参った。しかし、神社に祀られる神様の名も知らなければ、素性《すじょう》も分からない。「神社ってそれぞれ違う神様を祀っているんですか？」などという人も出てくる。

確かにキリスト教もイスラム教も一神教である。祀られる神の対象はひとつだ。だが、日本はちょっとばかり様子が異《こと》なる。クリスマスでキリストの誕生を祝った一週間後には、お寺の除夜の鐘を聞いて年を越し、翌日は神社へ行って初詣。実に大らか。無宗教とされるゆえんでもあるが、私はこれぞ日本人だと考えるし、それでいいと思っている。ただし神社に参ってハタと考える人たちが続出してしまったのである。

「ここに祀られているご祭神ってどんな神様なのだろう？」

元来、日本の神の対象は山であり川であり海であり木だった。さらにその地域を治めていた豪族たち、偉人たちをさしていた。だから日本の神たちは八百万の神というのだ。

〝はっぴゃくまん〟の神ではない、〝やおよろず〟の神とよむ。つまりたくさんの数えきれないほどの神々が日本を守っているということだ。それらを教えてくれるのが『記紀』

なのだ。

いやいや、『記紀』のあとに生まれた神だってたくさんいる。

初詣参拝者数ナンバーワン、明治神宮に祀られているのは明治天皇だ。明治天皇がおかくれになって（亡くなったこと）から、大正時代に造られた神社だから当然、『記紀』には登場してこない。と、なれば家康《いえやす》を祀る日光東照宮《とうしょうぐう》も、2015年の大河ドラマ『花燃ゆ』の吉田松陰《よしだしょういん》の松陰神社、幕末以降の、国家のために命を捧げた人々を神と祀る靖國《やすくに》神社も『記紀』とは別ものだ。

しかし今回の本は、神話に登場する神たちを祀る神社にポイントを絞ってみた。

「どうせ神社を詣でるのなら、神話を頭に入れておくといい」と気づき、『古事記』や『日本書紀』を手にした人もいるだろう。だがほとんどの人たちは、「難しい言葉と言い回しでちんぷんかんぷん！」「学生時代から古文、苦手だったし…」と、3～4ページ読んで、あきらめちゃったという人も少なくないようだ。

先日、森口博子《もりぐちひろこ》ちゃんと食事をしたときも、「もっと身近な神話の本があったらいいのに…」と言われた。

さらに皇家・高円宮典子《たかまどのみやのりこ》さまと出雲大社の国造家《こくそうけ》・千家國麿《せんげくにまろ》さんのご成婚のニュース

が日本中を駆け巡ったあたりから、〝神話を知りたい〟の気運は一気に高まったといえるのだ。それは出雲大社・千家家《せんげけ》は、天皇についで長い歴史を持つ家柄と紹介され、婚約発表の記者会見の際、國麿さんは「千家家は天照大御神《あまてらすおおみかみ》（アマテラス）の次男の血筋です」と話された。遠く遡《さかのぼ》れば、親類同士が結婚するのだという話を聞き、頭の中に「？」を浮かべた人が、実に多かったのである。

これぞ、神話に基づく話なのだ。

アマテラスが統治する高天原《たかまがはら》から、大國主命《おおくにぬしのみこと》（オオクニ）が治める出雲に居を移したアマテラスの次男、天穂日命《あめのほひのみこと》（アメノホヒ）こそが千家家の祖だったのである。あとでしっかり説明するが、これは実に興味深い。

そうだ！　こうなったらそんな『記紀』に記される神話を分かりやすく、今風の味付けを施しながら、謎解きするように解明できないものか？　同時にそんないきさつを知ってから、その神々を祀る神社にお参りに行けたら、面白いのではなかろうか？

しかし、確かに神話は現実離れした話が多い。

第一、「天から降臨するということ自体、どう考えても嘘っぱちじゃないか」と思う人もいるだろう。しかし、この降臨というもの自体、もし高い山に住んでいた一族が里へ下りたと仮定してはどうだろう？　空から降りてきたと思われても仕方がない。ぐーんと現実味を帯びてくるのだ。千家家の祖、アメノホヒはアマテラスの持っていた勾玉《まがたま》（曲玉）を、アマテラスの弟・素戔嗚尊《すさのをのみこと》（スサノヲ）が嚙《か》み砕《くだ》き吐き出して生まれたということになっている。そんな馬鹿な！

いやアマテラスもスサノヲも『古事記』の中では、父親である伊弉諾尊《いざなぎのみこと》（イザナギ）が目や耳を洗ったら生まれたことになっているし、初代天皇とされる神武天皇の祖母はワニという話になっているのだ。スサノヲは大蛇とされる八俣大蛇（ヤマタノオロチ）と決闘している。どれをとっても、空想の作り話としか考えられない。

だがそんなフィクションの裏側には、基となる話が、きっとあるはずだ。何か史実が隠されていたりするのではないか。

勾玉は胎児の形に似ている。と、いうことは、「勾玉を嚙み砕いて生まれた」ということは、出産の何かにたとえたとも十分考えられるし、ワニは海を牛耳《ぎゆうじ》っていた豪族の名と一致するという説もある。ヤマタノオロチだって、本当は蛇なんかではなく、たとえば氾《はん》濫《らん》する川の蛇行《だこう》をさしたのでは？　そうなれば、ズバリ！　荒れ狂う蛇ではないか。こうなると創作話は事実に基づいた話だったのでは？　と思えてしょうがなくなる。

いやいや『古事記』『日本書紀』が嘘だ、本当だなどと語りたいのではない。そんなことより、古書に描かれた神々の素顔に迫ってみることで、ありがたみもパワー伝授も左右されてくると思ったのである。神話をひも解きながら神社を訪ねたらきっと素敵だろうと思ったのだ。

だからこそこの本は題して「分かりやすい、日本神話の謎」、いや「神話で訪ねる簡単！　パワスポ神社の旅」でもいい。皆さんからの素朴な疑問や要望にお応えの合田道人《ごうだみちと》の『神社の謎』パート3なのだ。

さあ、あなたも神話とともに、新たに導かれるときがやって来た。

第2章

黄泉の国へ追いかけていくイザナギを追いかけるイザナミ⁉……87

第3章 天岩戸に隠れたアマテラスを外に出す方法を探る⁉……137

第4章 ヤマタノオロチの正体は!?……165

第6章

国造り順調！豊かな国をアマテラスが欲する……209

第7章

天孫への国譲り……229

第9章　サクヤ姫、火の中の出産……273

最終章

編集協力：山下清五　山田守諒
装幀：静野あゆみ
図版：J－ART

第1章

国産み、そして神産みのさ中に死にゆく母

日本最古の歴史書『古事記』と『日本書紀』は、ともに7世紀末に天武《てんむ》天皇の命《めい》により作られた。『日本書紀』のほうが先に編纂を開始したが、完成したのは『古事記』が和銅5（712）年に対し、『日本書紀』は遅れること8年後の養老4（720）年。

これは『古事記』は全3巻だが、『日本書紀』は全30巻にも及んだからである。『日本書紀』の神話の部分は、本文のほかに異伝とされる「一書曰《いっしょいわく》」という書き出しのものがある。より正確性を出すため、文章のほかに「さらに一説として～こんなものがある」といった形で書き加えられているのだ。神様の名前や漢字の当て方など違いは見られるが、話の筋はほとんど一緒といってよい。

当時は、大和朝廷が天皇を中心とした中央集権国家の確立を推し進めていた頃。頂点に立つ天皇が、日本を支配する根拠が必要だった時期でもある。簡単に申すなら、『古事記』は天皇家の系譜や伝承、『日本書紀』はそこに国の歴史を加えたものといえる。

そこでここからは、各章ごと冒頭に「あらすじ」を少し書き、その章の全体像をまずは知っていただく。そしてそれをちょっと踏み込んで検証しながら、登場した神を祀る神社を紹介してゆこう。分かりやすく、わくわくしながら神話の地を廻ってゆくのだ。

さあまずは、日本の誕生を神話とともに！

〜日本の誕生〜のあらすじ

『古事記』のはじめは神々の誕生シーンから始まる。

天と地が分かれたばかりの時代、まず天上界にあるとされる高天原《たかまがはら》で男女の性を持たない「別天《ことあま》つの神」という五つの神が生まれる。その後、伊弉諾尊《いざなぎのみこと》（イザナギ）と伊弉冉尊《いざなみのみこと》（イザナミ）という男女の別性を持つ神が登場し、「別天つ神」たちが、イザナギとイザナミに地上に降りて国土を作ることを命じるのである。

オノゴロ島という島に降り、二神はそこで日本列島を次々と産んでゆくのである。その後に風や木などさまざまな神を産むのだ。

ところが火の神を産み落としたときに、母イザナミは火傷《やけど》を負い、それが因《もと》で死んでしまうのである。

最初に登場する高天原で生まれた神たち

早速、日本国誕生の話から始めよう。はじめは今のような日本国は存在していなかった。まず天と地に分かれていただけ。そのとき高天原《たかまがはら》という場所に三つの神が現われた。

その三神の名前はちょっと難しい。天之御中主神《あめのみなかぬしのかみ》（アメノミナカヌシ）、高御産巣日神《たかむむすひのかみ》（タカミムスヒ）、神産巣日神《かむむすひのかみ》（カミムスヒ）というが、この三神を〝造化三神〟とよぶ。

国土は水に浮く脂《あぶら》みたいに、まるでくらげのように漂っていた。そこに続いて二柱の神が生まれた。神様の数え方は一柱二柱《ひとはしらふたはしら》と数えるが、その新しい二柱の神は、宇摩志阿斯訶備比古遅神《うましあしかびひこじのかみ》（アシカビヒコジ）と天之常立神《あめのとこたちのかみ》（アメノトコタチ）といった。

五柱の神たちは親子でも兄弟でもない。性別もなければ姿形もなかったとある。この五神をまとめて〝別天《ことあま》つ神〟とよぶ。

最初の出現神、アメノミナカヌシの名前は、「空の中心に座する主宰神」という意味。と、なればそれは宇宙そのものをさしているのか、地球をさしているのか？　確かにこれでは性別どころではない。その後、タカミムスヒとカミムスヒが現われると、すぐさま姿を隠した。「ミナカ姿を隠す」。〝隠れミナカ〟が縮んで「か・み」という単語が生まれたらしい。と、なればアメノミナカヌシこそが本来の神かもしれないと思えてくる。

この造化三神に次いで登場したアシカビは、地上が脂のようだった時期に、葦《あし》や黴《かび》を発酵させ、芽吹かせた神という。つまりどんな状況下でもたくましく誕生する生命の力を意味している。さらに五神目のトコタチは、天を永遠に支えるということ。昔、人は空が地上に落ちてこないのは、天を支える棒のようなものがあると信じていた。その役どころがアマノトコタチだったのである。

五神を詣でたいのなら出雲大社

この五神を祀っている神社がある。そこが出雲大社《いずものおおやしろ》なのだ。

えっ？ 出雲大社はオオクニこと〝だいこくさま〟を祀っていたのではなかったか？

そのとおりなのだが、出雲大社のオオクニは私たちが本殿に向かってお参りする正面に鎮座していない。真正面の南側を向かず、西側を向いているのだ。

わが国は、神仏混淆《しんぶつこんこう》の時代が長かったからか、「神様も仏像のようにこちらを向いて座っていらっしゃる」と思いがちだが、神像というもの自体は、ほとんど現存しない。そのオオクニの代わりに、正面を向いて鎮座しているのが御客座五神とよばれる、最初に誕生する五柱の神様たちなのである。

出雲大社は、古くは高さが96メートルもあったという。まさに高層建築だ。このことが別天《ことあま》つ神と呼ばれるこの神たちの祭儀に関係ある。つまり日本一高い場所に祀られる神こそが、最初に登場する神たちでなくてはならないという考えに基づいているのだ。

造化三神だけを祀るのが、大阪の搾抬搾揩《さむはら》神社。そして「箱根《はこね》を背にするものは天下を制す」といわれる関東屈指の箱根神社の元宮《もとつみや》とされる駒《こま》ヶ岳《たけ》山頂の奥宮である。ここは富士山から遮られることなく直接的パワーを与えられる場所だ。さらにその三神にアマテラスを加えて祀る神社に、長野県松本市の四柱《よはしら》神社がある。

タカムムスヒ、カムムスヒは、ともに〝結〟の字を当てることができる。そのためこれらの神社には「結びの神」のパワーがあふれ出ている。物を作り出したり、努力のあとに実を結ぶ、結果を出すという目に見える形で力を備えてくれる場所ばかりだ。

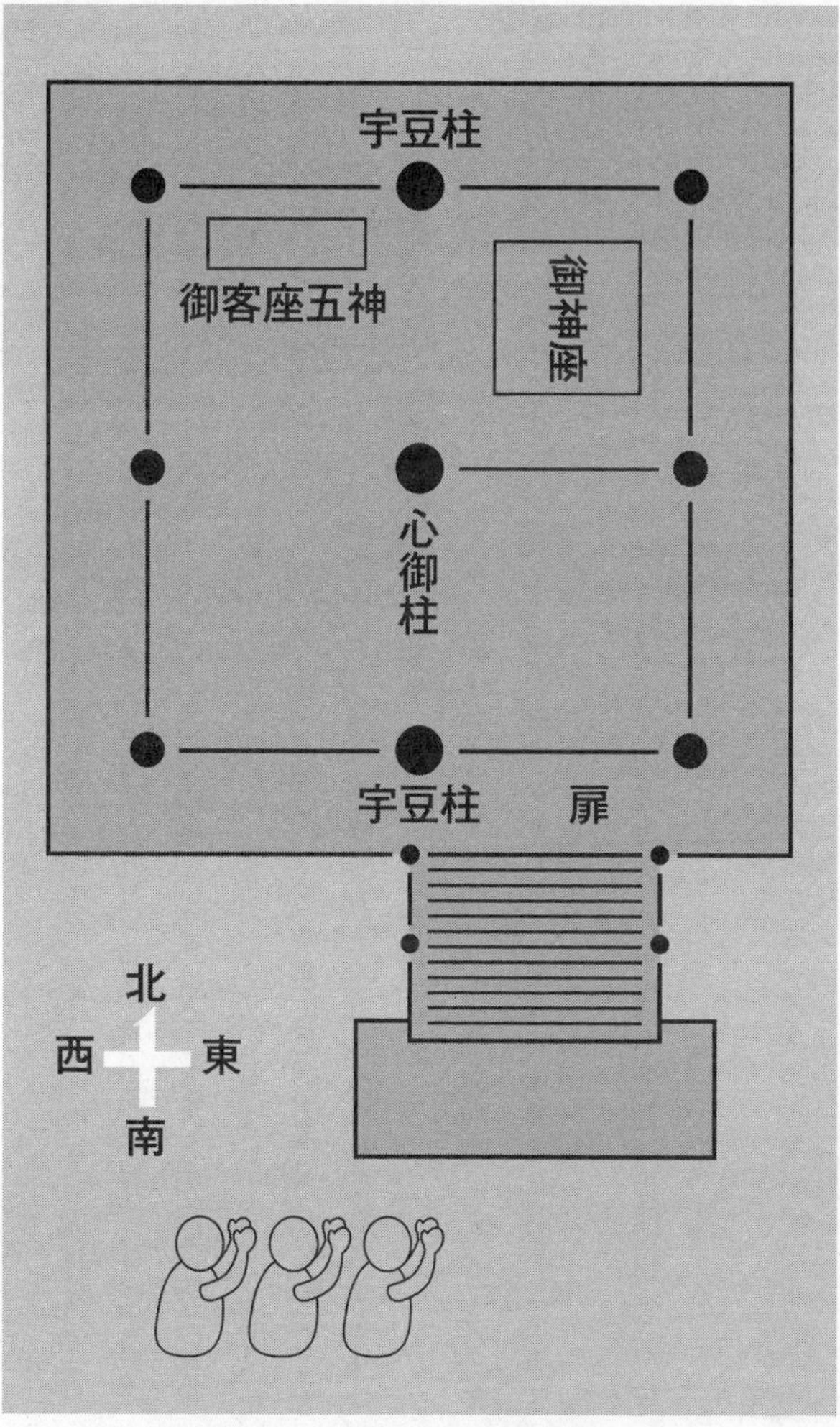
宇豆柱
御客座五神
御神座
心御柱
宇豆柱
扉
北
西
東
南

女の子の行列でにぎわう東京大神宮

結婚や恋愛の結びもあるし、仕事のための社長や上司との結びもある。この世に生まれ落ちたことは、まぎれもなく親、ひいては先祖との結びであるし、友人との出会いの結びもある。人間一人では生きられない。何らかの結びによって生きていることを教えてくれ、今後の人生の道しるべとなる結びを与えてくれる神なのである。

その造化三神にアマテラス、豊受大神《とようけのおおかみ》（トヨウケ）、加えて伊勢の場所にアマテラスを祀った倭比賣命《やまとひめのみこと》（ヤマト姫）の二神もともに祀るのが、いつも女の子たちの行列ができている東京大神宮である。

そこは〝結びの神〟の力で恋愛運、結婚運が開けるとされ、日本最初に神前結婚式を挙げた神社ということからも、婚活運アップが期待されるスポットになったのだ。

別天つ神または造化三神を祀る　合田道人厳選！　パワースポット神社の行き方

（出雲大社）
島根県出雲市大社町杵築東195　（0853）53－3100
出雲縁結び空港からバスで約25分
一畑電車出雲大社前駅下車、徒歩7～8分

（搘抬搘揹《さむはら》神社）
大阪府大阪市西区立売堀2－5－26　（06）6538－2251
地下鉄中央線阿波座駅より徒歩約5分

（箱根神社元宮）
神奈川県足柄下郡箱根町元箱根110　（0460）83－6619
箱根駒ヶ岳ロープウェー「山頂駅」より徒歩約3分

（四柱神社）
長野県松本市大手3－3－20　（0263）32－1936
JR松本駅より徒歩10～15分

（東京大神宮）
東京都千代田区富士見2-4-1　（03）3262-3566
JR中央・総武線　地下鉄有楽町線・南北線・東西線・大江戸線
各線飯田橋駅より徒歩約5分

高天原とされる場所を探す！

この五柱が生まれたとされるのが、高天原《たかまがはら》。その場は天上界を示しているとする。しかしながら、それではやっぱりおとぎ話の域を出ない。いやいや、しっかり地上にも「ここぞ高天原」とされる場所があるから訪ねてみよう。

宮崎の高千穂《たかちほ》の国見ケ丘《くにみおか》は、天孫降臨の場所とされる一方、高天原の伝承地ともされている。ここは山深い。現代でさえ行くのが困難な地だから、神話の時代ともなればここぞ天界と考えても何ら不思議もない。

雲海たなびく高千穂の地

山を下に見る国見ヶ丘は、秋から初冬の早朝に雲海が出現する。雲さえ下に見えるのである。その幻想的な様子は、まさに高天原を十分に感じさせる光景だ。

私に神社御朱印帳をすすめたのは、私の専属ピアニストでもある鳴海周平《なるみしゅうへい》だったが、私はその後、ひょんなことで同姓同名の鳴海周平という人物に出会うことになる。あとで知るのだが、彼は高校の後輩でヒーラーとよばれている人物だ。先日、彼の主宰する社の雑誌で対談したが、そのとき彼が興味深い話をしていた。

「私は道人さんが御朱印を始めた翌月あたりから急に神道にも導かれた気がしますが、高千穂にはじめて車で行ったとき、ある場所から急に空氣が変わって、高千穂だけがまるでドームというかお椀の中にすっぽりと収まっているという感覚を受けましたね。別次元を感じました」。彼はここを高天原とイメージしたのだろうか？

高天原候補地としては、ほかにも日本一天に近い、富士山頂説や、熊本県阿蘇《あそ》の幣立神《へいたて》宮説、さらに江戸時代中期には、学者・新井白石《あらいはくせき》が常陸国《ひたちのくに》（茨城県多賀《たが》郡）説を発表している。だが、白石の説が出るまで一般的な高天原史跡とされていたのは、現在の奈良県御《ご》所市《せ》だったのである。

〝ごせ〟とよむが、〝御所〟と書けば大抵は〝ごしょ〟とよむ。天皇など位の高い貴人の邸宅のことである。ここここそ天皇が住まう高天原といわれてきたのだ。

実は、高天原に住む三神の一柱であるタカムムスヒは別名を高天彦（タカアマヒコ）といい、その名のとおり高天彦《たかまひこ》神社がここ御所には建っている。

全国の神社一覧をまとめた延長５（９２７）年発行の『延喜式神名帳《えんぎしきじんみょうちょう》』には、すでにこの神社の名が載っている。それも最高社格とされる明神大社に数えられていた。

訪ねると別段、大きな造りではないにもかかわらず独特な圧倒的威力を感じさせる。社の後ろにそびえる白雲峯のパワーに思わず「あっ」と声を発してしまったほど。御神体が山なのである。

御所という場所に建つ高天彦神社

天空の神の世界のエネルギーにふれながら、ただただ手を合わせる。ここには人生の歩く道を決めてくれるパワーと、今自分がすべきこと、やらなければならないことを教えてくれる力が存在している。

周辺に土蜘蛛《つちぐも》を埋めたという〝土蜘蛛塚〟、蜘蛛が居住していた〝蜘蛛窟《くもくつ》〟が残る。土蜘蛛とは日本の先住民族で、天皇に恭順《きょうじゅん》しなかった土豪《どごう》のことをさす。

おそらく最初、九州を拠点としていたのちの朝廷陣は、この場で土着の豪族と一戦を交え、この地を手中にしたのだろう。つまりここは、まぎれもなく「第二の高天原」ともいうべき場所なのである。

高天原はここ？　合田道人厳選！　パワースポット神社の行き方

（高千穂・国見ヶ丘）
宮崎県西臼杵郡高千穂町押方91・3
高千穂バスセンターから車で約10分

（高天彦神社）
奈良県御所市高天　（0745）62・3001（御所市役所）
近鉄御所駅より御所市コミュニティバス「高天口」下車徒歩約15分
南阪奈有料道路　葛城ＩＣより車で約25分

近親相姦はあたりまえ？

さて高天原で誕生した五柱の次に現われたのが、〝神世七代《かみよななよ》〟とされる七柱の神たち。
まずは国土をしっかり固める力を持つ国之常立神《くにのとこたちのかみ》（クニノトコタチ）が誕生する。日本

神世七代

クニノトコタチ

トヨクモノ

ウヒチニ―スヒチニ

ツノグヒ―イクグヒ

オホトノヂ―オホトノベ

オモダル―アヤカシコネ

イザナギ―イザナミ

国の永遠を司《つかさど》る神と考えればいい。続いて豊雲野神《とよくものかみ》（トヨクモノ）。これは雲を作るのはもちろん、自然現象に命を吹き込む役目を持っている。

ここまでが性別も持たない神、つまり人間の力では産めない神である。しかし、次の泥の神、宇《う》比《い》地《ぢ》邇神《にのかみ》（ウイヂニ）以降は、それぞれ対になる女神が存在していた。つまりウイヂニも次に産まれる角杙神《つのぐひのかみ》（ツノグヒ）、意《お》富《ほ》斗《と》能《の》地神《じのかみ》（オホトノヂ）、於《お》母《も》陀《だ》流神《るのかみ》（オモダル）も男の神で対になる女神が、一緒に生まれたとされる。通常で考えれば兄妹または姉弟、双子とする考えも成り立つ。

ただ次に生まれる万物の祖神《おやがみ》、イザナギとイザナミは、その後に夫婦《めおと》となるのだ。つまりこれより性交行為によって子を産むという現実的な話になる。

兄と妹であれば、これは近親相姦《きんしんそうかん》ではないか。問題だ！

ところが、古代日本において近親相姦は、そう珍しいことではなかった。自分たちの血が尊いという考えから、結婚相手も自分と同じ良好な血筋を持つ者から選ばれたのだ。そのため、婚儀は一族の間で行なわれていたのである。以前まで皇家の結婚も血のつながった者同士だったことは周知の事実だが、ただ同じ父母から生まれた兄妹（姉弟）との結婚だけはタブーだった。言い方を換えれば、異母兄妹の場合は許されたということになる。

と、なればイザナギ、イザナミは異母兄妹だったのだろうか。いずれにせよ、この二神により、日本の国が生まれることになる。

オノゴロ島はどこにある？

別天つ神たちはイザナギ、イザナミに向かって豊葦原瑞穂國《とよあしはらみずほのくに》、つまり日本の国造りを命じた。そこでイザナギとイザナミは、高天原と地上の間に架かる天の浮橋《あまのうきはし》に立ち、神から与えられた天の沼矛《ぬぼこ》という長い矛を下ろし、くらげのような国土を掻《か》き回した。

このとき、矛から滴り落ちた塩が積もってひとつの島が産まれた。それを淤能碁呂島《おのごろ》（オノゴロ島）という。『日本書紀』では磤馭慮島《おのごろ》の字を当てている（オノコロ島ともよぶ）。

この部分を考えてみよう。イザナギ夫婦に対し別天つ神とされる上司たちは、オノゴロ島とされる島を発見した二人を上陸させ国産み、つまりほかの領土を探し出せ！　と命じたのだろう。塩が積もるというのは、舟に塩が積もって（付着してしまい）、その島に漂着したということになるのか。その島こそが、オノゴロ島だというのだろう。目印となったのが天の浮橋となる。

一方、こんな勘繰りも。沼矛とは男根のことではないか。矛は剣に長い柄をつけたもので敵をおかして突くものだ。「おかして突く？」。

さらに沼矛の〝沼《ぬ》〟は、〝たま〟という意味がある。「玉付きの矛でおかして突く？」。それによってくらげのような国土を掻き回すというのか。〝くらげのような〟という表現は、骨がなく浮遊しているように、やわらかくプルプルしたつかみどころのないものといったところだろう。これはまるっきり女性のようだ。やわらかくプルプルしている体に、

つかみどころのない心。もうこれは決まりだ⁉

そんなくらげをおかして玉付きの矛で突く。そして矛から滴り落ちた白い塩…。白い塩とは？

もうこれ以上はご想像におまかせするが、何しろ二人が天の浮橋で行なった行為は、今後の神話の展開を考えると、どうやら性体験をさしているようなのだ。

真偽のほどはさておき、オノゴロ島とやらは、どこにある？

そのオノゴロ伝承も日本各地に残っている。高千穂峡にもあるし、淡路島にはその名もおのころ島《じま》神社が建っている。

国土発祥の地を顕彰して造られた日本三大鳥居とされる高さ21・7メートルの朱門の前に建つと驚愕《きょうがく》に値《あたい》するが、次に話すことになる、神話の中でオノゴロ島のあとに生まれてくるのが淡路島なのである。それなら淡路島の中にオノゴロ島があるのは不自然ではないか。いや、ここは小高い丘で神社全体がこんもりと木で覆《おお》われている。この部分、昔は海に浮かぶ小島だったといわれるのだ。なるほど！

はたまた北淡路の海辺に浮かぶ絵島《えしま》が、オノゴロ島だという説もあれば、淡路島から播《はり》磨灘《まなだ》を隔て、およそ30キロ西の家島《いえしま》がそれという説、鳴門《なると》海峡の飛島《とびしま》など諸説紛々。けれ

まさに勾玉のような沼島

ど私は先日、「オノゴロ島はここではないのか？」と感じた島を訪ねたのだった。

そこは淡路島からほど近い太平洋上に浮かぶ沼島《ぬしま》。

その帰りに淡路島の最高峰、諭鶴羽《ゆづるは》山に登ったことで、それをより確信した。そこにある諭鶴羽神社の本殿の後ろの展望台、その名も「天の浮橋」から海を一望すると沼島が見える。その形がまるで神の印ともされる勾玉《まがたま》を想像させたのである。

淡路島の土生《はぶ》港から沼島汽船でわずか10分ほど、沖合3キロに浮かぶ沼島港に着く。

日本を縦断する〝地震の巣〟ともいうべき断層、中央構造線上に浮かぶこの島は、島全体が結晶片岩によって形成されている。そのため海食によって崖は緑、白、黒などの縞模様《しま》の岩が現われている不思議なたたずまいなのだ。1億年前の〝地球のしわ〟とされる円状の鞘型褶曲《さやがたしゆうきよく》は、フランスとこの島だけでしか発見されていない。

のどかで時が止まったような静けさの中、港で船を下りてしばらく歩くと、沼島八幡神社に着いた。

ここは永享8（1436）年の創建だが、それ以前から海上安全、豊漁の神が祀られ、かつては水軍の拠点だった。小島にもかかわらず独特の船や船具、航海技術を持ち、古代から遠く対馬《つしま》まで操船させることが可能な術を持ち合わせていたのである。

イザナギ様は水軍の祖？　航海技術をこの地にもたらしたのか？　と、なるならイザナギが海からこの島に漂着し、そこに住むイザナミと結ばれたという考え方がより自然だ。これなら近親相姦疑惑も晴れることになろう。

ここの沼島八幡の社務所は、宮司宅を兼ねていた。

御朱印を依頼すると、宮司の奥様であろう、美しい字で「くにうみ神話の島　沼島八幡神社」と書いてくださった。さらに私は「これから自凝《おのごろ》神社へとお参りしたいと思っておりますが…」と話すと、丁寧《ていねい》に道順を教えてくれ、「ここで御朱印もお書きしますよ」という情報を得た。ここの宮司が自凝神社の宮司でもあったのだ。

説明どおりに、そこから港に沿って歩き、途中の看板に従い山道へとそれた。坂が続き、しばらくして100段を超す階段を登る。質素なたたずまいの自凝神社が見えてきた。社殿の後ろには、沼矛で水を掻き回すイザナギとイザナミの二神の像が立つ。なんともいえない神秘的な氣が舞っている。

さらに社殿奥の山道を進み、遊歩道をしばらく行くと上立神岩《かみたてがみいわ》が見えてくる。高さ約30メートルの円錐状の立石だが、これぞ天の浮橋、御柱伝承を持つ。それはイザナギの氣、いや男性器そのものを想像させる形なのである。ここから1・5キロ南西に今度は、中央部に長細く穴が空く下立神岩《しもたてがみいわ》が見えてくる。これも天の御柱とされるが、こちらはまさにイザナミ、いや女性器を想像させてくれる。

屹立する上立神岩は男性そのもの？

平バエという平らな岩礁が海の中から島のように見える。ここはまるで寝床のよう。そうなのである。実際ここそが、イザナギとイザナミが結ばれた寝床という伝承まで残るのだ。ここで二神は結婚するが、そこをじっくり読み解くと結婚、つまり性交のシーンがズバリ！　濃密に綴《つづ》られていた⁉

オノゴロ島はどこにある？　合田道人厳選！　パワースポット神社の行き方

（高千穂峡）

宮崎県西臼杵郡高千穂町三田井御塩井　（０９８２）７３・１２１３

北方延岡道路　北方ＩＣより車で約50分　（観光協会）

（おのころ島神社）

兵庫県南あわじ市榎列下幡多４１５　（０７９９）４２・５３２０

高速バス榎列バス停から徒歩約10分

西淡三原ＩＣより車で約10分

（沼島八幡神社）

兵庫県南あわじ市沼島２５２１　（０７９９）５７・０１４６

沼島汽船　沼島港から徒歩約５分

（自凝神社）
兵庫県南あわじ市沼島73　（0799）57-0777
沼島汽船　沼島港から徒歩約10～15分　（沼島総合観光案内所）

赤裸々に綴られる性交シーン

『古事記』では、イザナギは「汝身者如何成也」、つまり「おまえの体はどうなっている？」とイザナミに質問する。と、イザナミは、「妾身層層鑄成　然未成處有一處在」、「私の体には成長して、成長していないところが一ヶ所あります」と答えたとある。

成長して成長していないところとは一体？

いや、続けて読んでゆくと答えが分かってくるから先に進む。イザナギは、「吾身亦層層鑄也　尚有凸餘處一　故以此吾身之餘處　刺塞汝身之未成處　為完美態而生國土　奈何」、「私の体には成長して、成長しすぎたところが一ヶ所ある。そこで、私の成長しすぎたところで、おまえの成長していないところを刺して塞いで、国土を産みたいと思うがどうだろう？」。

なるほど！

成長していないというところは女陰《にょいん》、つまり女性器で、成長しすぎたところは男根、男性器だということになるようである。そこを刺し塞いで子を生《な》すというのは、まぎれもなく、ここには性交シーンが書かれているということになる。

イザナミは天の御柱を右から回りながら「なんと素晴らしい男性でしょう」と声をかけ、男神イザナギは左から回り「なんと可愛い女だろう」と答える。そして濃密な性交の末、子供が誕生したのだった。ところが最初に生まれた子、水蛭子《ひるこ》（ヒルコ）は不具な子で足が立たなかった。

仕方なく葦舟に乗せ、海に流してしまうのだ。岩のように硬い樟《くす》の木で作った舟に乗せて流したという話もある。淡路島の北端、オノゴロ島候補地の絵島に近い岩屋港の傍《そば》にある岩樟《いわくす》神社がヒルコを流した場所だともいわれる。港に向かって建つ鳥居をくぐると戎《えびす》神社がある。さらにその背後の十数メートルもの岩壁に洞窟があり、そのひとつが岩樟神社なのだ。

えびす神社？

そうなのだ。このヒルコ、後々海から陸へ上陸してエビスさんになったのである。

エビスの総本社とされるのは、兵庫県西宮《にしのみや》市の西宮神社だ。由緒によれば、祭神の西宮大神は海の向こうから、ここ御前浜に漂流してきたとする。ヒルコはここで救助され、〝えべっさん〟になり、大漁の神、福の神として祀られることになったのである。

商売繁盛の御神徳を与え、正月の「十日ゑびす」や福男選びでもなじみだが、ここは商売成功の秘策を知らしめてくれる。企画力や行動力を授け、挑戦力、継続力をも与える。

流されたヒルコはここで救助された？

ヒルコに関係する　合田道人厳選！　パワースポット神社の行き方

（岩樟神社）
兵庫県淡路市岩屋　（0799）72・3155
神戸淡路鳴門自動車道　淡路ICから車で約5分（石屋神社）
（西宮神社）
兵庫県西宮市社家町1・17　（0798）33・0321
阪神電車・本線西宮駅より徒歩約5分

女性の望みなら何でも叶えます！

ヒルコはエビスとして復活するが、なんと次に産んだ子供、淡島もまた生み損じてしまい、子供には数えない。ヒルコ同様、ここはまだ国産みのシーンだから、一度隆起して出現しながら、地殻変動などにより海中へと沈んだ小島をたとえているのかもしれない。

しかしこの淡島という神を祀る神社は、全国に数多いのだ。淡島、淡嶋、粟島、淡路神社などの総本社は、和歌山市加太《かた》にある淡嶋《あわしま》神社となる。

ここのパワーは安産、健康な子を授けてくれる。子供を流すという表現は〝流産〟に通じる。実際、子供が流れてしまったり、事情により流したりという心の悲しみを拭《ぬぐ》う神でもあり、同時に女性なら他人にはあまり大っぴらには公言したくない生理不順など婦人科系の病の回復にもよく効くそうな。夫婦で詣でたら子宝に恵まれたという話も多い。

最近はとんと聞かなくなった〝花嫁修業〟という言葉がぴったりな裁縫、料理などの上達も聞き届けてくれる。

産み損じということから、人形供養の地としても有名だ。人形は人間の代わりの姿とされ、危険や病気を引き受けてくれる。いわば身代わりなのである。

ここの御祭神の少彦名命《すくなびこなのみこと》（スクナビコナ）は出雲大社の神、オオクニとともに国を開拓し、稲作や酒、医療をわが国にもたらした海からやってきた小人神《こびと》である。酒は古来、薬のひとつだった。健康はすべてにつながる。そして良縁から幸福な結婚へとつながっていくご利益を、特に女性に向けて発散しているのだ。

女性に幸を授ける　合田道人厳選！　パワースポット神社の行き方

（淡嶋神社）
和歌山県和歌山市加太118　（073）459-0043
加太・南海電車　加太駅　下車徒歩約15分

女のほうから誘っちゃダメ！

さて神話に戻る。二度までも出産に失敗した二神は天の神のもとに赴き、「なぜにちゃんとした子供が生まれてこないのか？」と真剣に訊ねた。

すると高天原の神は、「女のほうから口をきいて性交したため」と答えられた。女のほうから誘っちゃダメ！　ということである。いやこれは実際、セックスの際に女性が先に声を発したから…ということのようだ。よがり声を女性が先に出してはダメ…ということらしい。貞女で淑女がいいってこと？

それはさておき、諭《さと》されたイザナギとイザナミは再びオノゴロ島に戻り、国産み再開。天の神の言われたとおりに事を進めると、無事に性交成功⁉　第一子が産まれたのだ。それが淡道之穂之狭別島《あわじのほのさわけのしま》という。現在の淡路島なのである。

最初の日本の地とされる淡路島には、「我が国最古の御社」と書かれている伊弉諾《いざなぎ》神宮がある。明治以前までここは「神陵」とされ禁足地だった。現在、本殿が建つ床下には古墳があるのだが、それがイザナギの墓所だとされるのである。

『古事記』には、「伊邪那岐大神は淡海の多賀に坐《ま》すなり」の一文だけなのだが、『日本書紀』は、すべての仕事を終えたイザナギは、国家の統制をアマテラスに託し、「幽宮《かくりみや》を淡海の洲《くに》に構《た》てて永久に隠りましき」と記している。詳しく書かれた『日本書紀』の聖地こそが、伊弉諾神宮なのである。つまりイザナギの大神はこの地に眠っているのだ。

この神社はすべてのものを誕生させる力、広げる力、再生させる力がある。私がここを訪ねたときにも、その誕生や広がりの不思議な力を目の当《ま》たりにした。

その日、沼島、諭鶴羽神社に詣でたあと、私は伊弉諾神宮へと向かったのだが、このままでは御朱印をいただける夕方5時までに到着しそうになかった。社務所も閉まっているはずの時間に着いたのだが、境内にはなぜか何人もの神職たちが残っていた。

あとで聞いた話だが、たまたまこの前日が例大祭で、後片付けなどで神職たちは残っていたという。駄目でもともと、御朱印をお願いすると「よろしいですよ」と言ってくれただけではなく、その神職は私の御朱印帳を見て、「なかなかディープな所ばかりをお回りですね」。ディープ、つまりなかなか深い濃厚な神社を巡っているね……と言ったのだ。

時間外に御朱印をいただけたことが嬉しかったこともあり、私は彼に向かって「『神社の謎』の合田道人です」と名のった。すると彼は慌てたように、「お待ちください」と言って、一度社務所に姿を消した。それからすぐにほかの神職たちが続々

伊弉諾神宮の神職たちと

集まり出したのだ。話をするうちにすっかり打ち解けてしまい、しばらくの間、伊弉諾神宮の歴史やパワーの源やスポット、さらにお参りする順番などを丁寧に教わることになったのである。

まるで決められた日と時間を見計らうように、神職たちに出会えたのだ。この神社の誕生の力、広がりの力を確実に見せてくれたというところか。

ここの結婚式は本殿の前に進み、なんと神話のイザナギ、イザナミに倣《なら》い男女が柱を回る儀式が今も執り行なわれるという。もちろんその後、女性から口を開くといけないとは思われるのだが…。

本殿から向かって右手に立つ樹齢約900年、30メートルにも及ぶ夫婦大楠にはイザナギ、イザナミ夫婦が宿っているとされ夫婦和合、子孫繁栄の霊木とされている。生き生きとした波動が伝わってくる。白髭禰宜《しらひげねぎ》が「きっとまた近いうちにお参りにどうぞ。そのときはみなでお食事でも」と再会を約したが、それから半年後、私はほんとうにまたこの神社を訪ね、神職たちとご一緒する機会に恵まれるのである。

半年後に兵庫での仕事があった翌日、私は伊弉諾神宮を訪ね、先回叶わなかった正式参拝を経験した。玉串を手に拝殿からイザナギの墓の上に建つという本殿まで進んだときのパワフルな神氣に慄然《りつぜん》とした。何しろ空氣がパタッと変わった感じがしたからである。神の御前に立つと〝あれも言おう、これもお願いしよう〟という考えは持たない。いや持ってはいけない。いや持てなくなる。ただここを訪れることができたお礼と感謝の気持ちだけで十分なのだ。拝殿で神楽《かぐら》が始まり、祖神の前で生命の誕生、今この世に自分が存在していることを素直に喜んだ。その夜、本名宮《ほんみよう》司夫妻も加わって、神職たちが直会《なおらい》を催してくださった。直会とは神事のあとに神様とともに、一緒に酒を飲み食事をいただくことである。通常でいう宴会だが、神事のあとは直会とされる。

一方、『古事記』でイザナギは、淡海の多賀に坐すとなっているため、淡海とは淡路ではなく、近江《おうみ》の国の淡海、つまり滋賀県の琵琶湖《びわこ》をさすともされる。

ところが、イザナギの神領が残る淡路島の伊弉諾神宮が建つ場所も、多賀という町名なのだ。この琵琶湖と淡路島、地図を広げてみると分かるのだが、ほぼ同じ形をしている。中心地点で逆反転させると淡路島が、琵琶湖とほぼ一対になるのだ。そんなところから奇異な関係をも予感させるが、その〝おうみ〟には、多賀大社が建つ。

「お伊勢参らば　お多賀へまいれ　お伊勢お多賀の　子でござる」と歌われるこの神社もまたイザナギ、イザナミを祀る宮として古くから人気があった。

イザナギ、イザナミは琵琶湖を望む杉坂山《すぎさかやま》に降臨して、ふもとの来栖《くるす》村に宮を建て、しばらく暮らしたのち、多賀に移り住んだとされるのだ。

太閤・秀吉《ひでよし》が愛した神社としても有名で、秀吉が母・大政所《おおまんどころ》のため、「三年、ならんずば二年、げにならんずば三十日」と延命祈願をし、米一万石を寄進した。病が回復したため、その奉納金で神社正面の太閤橋や奥書院の庭園が築造されたのである。

いざなわれる祖神様へのご挨拶　合田道人厳選！　パワースポット神社の行き方

〈伊弉諾神宮〉
兵庫県淡路市多賀740　（0799）80-5001
神戸淡路鳴門自動車道　津名一宮ICより車で約5分

〈多賀大社〉
滋賀県犬上郡多賀町多賀604　（0749）48-1101
近江鉄道　多賀大社前駅より徒歩約10分
名神彦根ICより車で約10分

顔が四つで二名《ふたな》の島

さて淡路島の次に産まれた島は、伊予之二名島《いよのふたなのしま》と記される。

『古事記』では、その島は胴体がひとつで、顔が四つでそれぞれの名があるとされる。これは文字どおり、四国のことだ。

ひとつめの名は愛比売《えひめ》（エヒメ）という。その名から、これは愛媛県のことだとすぐに判明する。エヒメは頭脳明晰で美しくやさしく、弟や妹をいたわる女性という意味を持つ。エヒメが主祭神の神社は、愛媛県内に何箇所かあるが、その名が神話にぴったりだと思わせるのが恵依彌二名《えひめふたな》神社。ここは伊予の古宮として、伊豫（予）二名本宮と称されてきた場所だ。

四国といえば1200年の歴史を持つ弘法大師空海《くうかい》のお遍路さんの巡礼をすぐさま思い起こすが、この神社は、1200年前よりはるか遠い紀元71年に即位した12代天皇、景行《けいこう》天皇の御代に鎮座されたという。神社周辺からは弥生時代の石剣や玉、鏡、壺型土器などが出土し、それが社宝にもなっている。伊予が誕生することで本格的な国造りが開かれたといわれるゆえんだ。それだけに、いにしえの日本を感じさせる氣を持った神社としておすすめである。

讃岐男に阿波女に通じるものは食？

飯依比古《いいよりひこ》（イイヨリ）は、香川（讃岐国）を治める神で大宜都比売《おおげつひめ》（オオゲツ姫）が徳島（阿波国）の神とされる。オオゲツ姫は後々、食糧の神としても登場するが、阿波は稗粟《ひえあわ》の〝あわ〟に通じるから、食物の国を示していると思われる。

さらに飯依比古の〝飯依〟には「穀類が集まる」という意味がある。これは食べ物に不自由しないということだ。隣国、阿波は五穀の国。五穀を〝飯〟とするなら、その〝飯〟に〝依《よ》〟り成り立つのが讃岐なのだ。そういえば「讃岐男に阿波女」という言葉がある。のんびりして穏やかな讃岐男と働き者の阿波女がぴったりであるといった解釈で、ベスト・カップルの相場を表わす。まさにオオゲツ姫あってのイイヨリといったところだ。実は私の曾祖父、曾祖母がこの「讃岐男に阿波女」なのだ。

イイヨリの国とオオゲツ姫の国は、食糧の神の男女一対神なわけである。二人でひとつ。四つの顔を持ちながら、二名《ふたな》の島というのは、そこにつながってゆくようだ。そんなイイヨリ神とオオゲツ神が主祭神とされている神社を訪ねる。

イイヨリ、つまり香川の神社としては丸亀市の飯神社。〃めし〃神社ではない。これで〃いい〃神社とよむ。丸亀市、坂出市、飯野町の境に聳《そび》える讃岐富士とよばれる421メートルの飯野山の南西のふもとに建つ社だが、飯野山山頂には神が降りたとされる岩、磐《いわ》座《くら》がある。ここは磐境《いわさか》信仰の跡が残されているのだ。

磐境信仰？

古来、神が宿るのは、山であり川であり磐座（岩）とされた。いわゆる自然崇拝である。精霊崇拝ともいう。目に見えない神を自分の周りに招き、感謝と祈りを捧げるのだ。神が天から降りる場こそ依代《よりしろ》であり、磐境、磐座である。神籬《ひもろぎ》、神奈備《かむなび》ともよぶ。

現在も祭祀場所として磐境信仰を続ける場所はあるが、それらは実に神聖な空氣に包まれる。私がふと「あここは、ほかと違う」と感じるのは、ほとんど磐境なのである。

こうした磐境神籬《いわさかひもろぎ》こそが、現在の神社の原型である。そんな目に見えないパワーを感

土佐神社で輪抜するお遍路さん

じさせるひとつが、ここ飯神社なのである。

対神、オオゲツ姫の神社は、神山《かみやま》温泉の宿の裏から歩いて15分ほどの上一宮大粟《かみいちのみやおおあわ》神社。坂道を登りきった境内に入った瞬間、落ち着きのある氣が漂い、今まで迷っていたことや重荷になっていたものをスッパリと切り開いてくれる力を与えてくれる。

ここは鬱蒼《うっそう》とした木々に神域のパワーを受ける。これぞ〝癒《いや》し〟だ。オオゲツ姫が降りてきたとされる天辺丸《てんぺんまる》という森は、さらに境内から5分ほど坂道を上がった場所にある。

さて、四国もうひとつは、高知（土佐国）だ。

イイヨリとオオゲツ姫が食糧の神の男女一対なら、この地の建依別《たけよりわけ》（タケヨリワケ）は、エヒメと一体と見ることができそうだ。エヒメが理想の女性像なら、タケヨリワケは男性の理想像となる。タケヨリワケは勇敢で猛々《たけだけ》しく健《すこ》やかな人物だったとされる。土佐の代表的人物、坂本龍馬《さかもとりょうま》を思わせる。ところが龍馬を祭神とする神社はあるもののタケヨリワケを祀っている神社は、私の知る限り存在していない。

土佐大神の名で祀られる土佐神社の祭神は、味鋤高彦根神《あじすきたかひこねのかみ》（アジスキタカヒコネ）と一《ひと》言主神《ことぬしのかみ》（ヒトコトヌシ）なのだが、まだこの国産み時点で誕生していない神たちなのだ。

由緒には、土佐神社の創祀は明らかではないとあるが、境内の東北方にある礫石《つぶていし》を磐座として祭祀していたという。それは今も残っているのだが、その時期には、もしやタケヨリワケが祀られていたのではなかろうか。

この神社では杉の木をくりぬいた輪を抜けることで心身を清める〝輪抜《わぬけ》〟をすすめる。左・右・左の順で抜けると何事にも負けないたくましさ、土佐国特有の健《たけ》やけさを受けることができるのだ。タケヨリワケのタケは健々《たけだけ》しい、猛々《たけだけ》しいに通じているのだ。

四国巡礼第30番札所、善楽寺が隣り合わせに建つ。ちょうど巡礼中の30代の男性遍路が隣の寺に詣でたあとだろうか、懸命にも健々しく輪抜をしていた。

まさに神仏混淆の四国ならではの光景がそこにある。

四国をまわる　合田道人厳選！　パワースポット神社の行き方

（恵依彌二名神社）
愛媛県伊予郡松前町出作304　（089）984-5820
JR予讃線　北伊予駅より徒歩約10分

（飯神社）
香川県丸亀市飯野町東二山根20番地
路線バス丸亀東線　山根東から徒歩約5〜10分

（上一宮大粟神社）
徳島県名西郡神山町神領西上角330　（088）676-0482
徳島バス　神山線　上角下車徒歩約20分

（土佐神社）
高知県高知市しなね2-16-1　（088）845-1096
JR土佐一宮駅より徒歩約15分
高知東部自動車道　高知ICより車で約5分

大陸と関係深い!? 隠岐島、筑紫国

イザナギとイザナミの国産みシーンを続けたい。

四国の次に生まれたのは隠伎之三子嶋《おきのみつごのしま》、またの名を天之忍許呂別《あめのおしころわけ》という。隠伎之三子嶋だから、島根半島の北方50キロ地点にある日本海に浮かぶ隠岐《おき》諸島のことだ。島前《どうぜん》、島後《どうご》など約180の小島を数える。隠岐は、縄文早期からすでに人々が住み大化の改新以前から、億伎国 造《おきのくにのみやつこ》が設置されていたという歴史がある。その国 造《くにのみやつこ》である億伎家《おきけ》が代々宮司をつとめているのが、玉若酢命《たまわかすみこと》神社。ただし主祭神、玉若酢命（タマワカス）は『古事記』や『日本書紀』には登場してこない。

社伝によると景行天皇が皇子を各国に分置したとき、億伎国に遣わされたのが景行天皇の第5子に当たる大酢別 命《おおずわけのみこと》（オオズワケ）だった。そのオオズワケの子供の名前がタマワカスだとされる。タマワカスは島の開拓に力を注ぎ、神とまで崇められた。宮司家がそのタマワカスの末裔《まつえい》とされるのである。

日本海の孤島、隠岐は流刑の島とされてきた。しかし、古代から渤海《ぼっかい》（中国）や新羅《しらぎ》

（朝鮮半島）など大陸との関わりが深かった。現在、外交紛争の続く竹島と隠岐両島の最も近い距離は約157キロ。韓国の鬱陵島《うるるんとう》と竹島の最近距離は87キロである。

さて、その次にイザナギとイザナミが産んだのは筑紫嶋《つくしのしま》だった。

筑紫といえば九州だが、こちらも体がひとつなのに顔が四つあり、ひとつひとつに名前がつけられていたとされている。そのひとつ筑紫国《つくしのくに》も朝鮮半島と関わりが強い場所である。『筑後国風土記』によると、筑紫は筑後と筑前を併《あわ》せたもので、現在の福岡県の大部分をさす。そしてその筑紫国を白日別《しらひわけ》（シラヒワケ）とよぶ、とあるのだ。

白日別とは太陽のこと。だが、元々「白」の字は光、明などを意味する朝鮮の借字なのである。シラヒワケの神を主祭神とする神社には、10世紀はじめの『延喜式』にすでに名神大社として名がある筑紫野《ちくしの》市鎮座の筑紫神社がある。つくし神社ではなく、ちくしとよむのが正しいが、シラヒワケとともに主祭神とされるのが五十猛命《いそたけるのみこと》（イソタケル）。この二神は、名前こそ違え同一人物（同一神）とされる一方、イソタケルの父とされるのがスサノヲでスサノヲこそが、シラヒワケだとする説まである。

スサノヲは後々、高天原から追放されるほど残酷卑劣な行ないをした人物として描かれる。筑紫神社あたりにはその昔、麁猛神《あらくたけきかみ》（アラクタケキ）という、その名のとおりの荒くれ者が住んでいた。アラクタケキは、ここを通る人間の半分を殺すので、周囲の人から「人の命尽くし」とよばれていた。そのため、この地が「築紫《つくし》の国」といわれるようになったとされる。確かに、荒くれのイメージはスサノヲそのものである。

後述するがスサノヲは高天原から出雲へと行くことになるわけだが、『日本書紀』の神代の別伝を読むと、スサノヲはイソタケルを連れて、一度新羅に天降《あまくだ》りしてから出雲に移ったとある。そんなことから渡来系の神であったことがうかがわれ、やはり朝鮮との関係が明白なのである。

この神社の特殊神事に、やはり大陸から伝わったとされる「粥卜祭《かゆうらさい》」がある。これはひと月前に粥を炊き、それをそのまま神殿に納める。一ヶ月後の3月15日に粥のカビの生え具合や色具合を見て、その年の作物の豊凶や風水害、害虫、伝染病の発生などを占い、その結果を神社に貼り出すというもので、今もなお続けられている。

さて続いては、豊日別《とよびわけ》(トヨビワケ)。

「豊国」は、現在の福岡県の一部と大分県をさす。豊後水道《ぶんごすいどう》など、今も豊国の〝豊〟の字が使われているものが残るが、トヨビワケを祀るのは福岡県行橋《ゆくはし》にある豊日別宮《とよひわけぐう》。

欽明天皇元(533)年、筑紫の日別大神の神官だった大伴連《おおとものむらじ》牟彌奈里に「吾は猿田《さるた》彦神《ひこのかみ》（サルタヒコ）なり」との神託があり、ここに祀ったとされる。

サルタヒコものちに登場する神だが、ここの神社にはトヨビワケを本宮、サルタヒコを別宮に祀ると記している。だが、トヨビワケとサルタヒコを同一神とする見方も根強い。サルタヒコは天孫降臨の際、道を照らし導いた、道しるべの神である。と、なればトヨビワケは渡来した人々たちのその後を日本に導いた人であったということを暗にさしているようにも考えられる。

大陸との関係を感じさせる　合田道人厳選！　パワースポット神社の行き方

〈玉若酢命神社〉
島根県隠岐郡隠岐の島町下西宮前701　（08512）2-0571
西郷港より車で約5分

〈筑紫神社〉
福岡県筑紫野市原田2550　（092）926-5443
JR九州　原田駅より徒歩約10分

〈豊日別宮・草場神社〉

福岡県行橋市南泉7-13-11
太陽交通バス「八景山ニュータウン」下車　徒歩約15分
JR九州日豊本線　新田原駅より車で約10分

九州の四面を一緒に祀る神社

九州の四つの顔の三つ目は、建《たけ》日《ひ》向《むかい》日豊《とよ》久《く》士《じ》比《ひ》泥《ね》別《わけ》（クジヒネ）という。これは肥《ひの》国だから、今でいう佐賀、長崎、熊本県ということになるが、この長い名前には、これから登場の四つ目の顔、熊曾《くまそ》の「建日《たけひ》」はじめ、豊の「日豊」、筑紫の「久士」が入り混じっている。熊曾と豊と筑紫という三つが混ざっている国と解釈できるのだ。

一般的には「建日向・日豊久士比泥別」と区切ることで日向国が入り込んでいるともされるが、「建日に向かい」としてみると、熊曾国に相対するという意味にもとれる。また「日豊かなる久士比」の久士比を奇《く》し日とすれば、「神霊豊かなる国」というよみもできる。と、なれば熊曾を撃退する神霊豊かな国と解することになるのだ。

熊曾と、のちに大和《やまと》朝廷に敵対することとなる熊襲《くまそ》が、すでにここらで重なり合っている気がする国名なのだ。

その熊曾国である熊本県南部と鹿児島県のことを、神話では建日別《たけびわけ》としている。

長崎県雲仙《うんぜん》市の湯の町に建つ温泉神社、これで〝おんせん〟とよまず、〝うんぜん〟とよむが、ここの主祭神は白日別命、豊日別命、豊久土比泥別命、建日別命の四柱なのである。つまり九州こと筑紫島四つの顔すべてを祀っている神社がここにある。そのため古くからここは「四面宮」と称されてきた。

この社殿の右側奥には樹齢200年以上の夫婦柿の木を両手で抱き、下から上へ撫でながら願いごとを口にすると、願いがみごとに叶うと言われている。

九州の神たちを一度に拝むことが出来る　合田道人厳選！　パワースポット神社の行き方

（温泉神社・四面宮）

長崎県雲仙市小浜町雲仙319　（0957）73-3533

島鉄バス「雲仙営業所」下車すぐ

続々産まれる日本の島々

国産み続行。九州のあとに生まれたのが天比登都柱《あめのひとつはしら》伊伎《いき》島（ヒトツバシラ）。これは今の長崎県壱岐島ということになる。福岡市の博多港からジェットフォイルに乗れば、約1時間でこの島を訪れることができる。

壱岐は東西南北わずか17キロほどの小島にもかかわらず、『延喜式』内に記録された式内社がなんと24社も建つ神島なのである。

月読命《つくよみのみこと》（ツクヨミ）を祀る各地の月讀神社は、壱岐の社が総本宮とされているし、神《じん》功皇后《ぐうこうごう》が三韓征伐の際、風待ちをして寄ったときに行宮《あんぐう》を建てたのが起源とされる聖母《しょうも》宮《ぐう》、さらに天手長男《あめのたながお》神社、興《こう》神社など気になる神社が多い。その中でヒトツバシラを合祀しているのが、箱崎八幡神社だ。壱岐における捕鯨業の始まりを物語る神社である。

さて、壱岐島に次いで生まれたのが、天之狭手依比賣《あめのさでよりひめ》（サデヨリ姫）の津島である。これがやはり長崎県に属する対馬《つしま》のことで、サデヨリ姫を祀る神社として島大国魂《しまおおくにたま》神社や國《くに》本《もと》神社などがある。

続いて佐渡嶋《さどのしま》。現在の新潟県佐渡ヶ島が産まれた。島内最古の神社の一宮とされるのは度津《わたつ》神社。ここは、鳥居から拝殿まで荘厳で古めかしい参道が続く。茅葺《かやぶ》き屋根の島内最古の能舞台を有する大膳《だいぜん》神社、さらに標高100mの山頂にあり、白蛇を御神体とする宇賀《うか》神社もおすすめ。参道から続く600段の石段を登ると、商売繁盛の願が叶うとされる。

これら壱岐、対馬、佐渡といった島へは、船に乗るなどということもあって、なかなか参拝する機会に恵まれない。しかし、日本の形成を語る上で非常に大切な神の島たちと考えられる。これらの島は、古くから大陸との海の中継地として栄えた場所なのである。日本と大陸との結びつきをしっかりと描いたものこそが、神話だという気がするのだ。

時間を作って一度ゆっくりと訪ねてほしい場所こそが、壱岐、対馬であり、佐渡なのである。ちょっとのんびりと頭の中を空っぽにして、神たちの囁《ささや》きを聞いてみよう。本土とはまったく違った風土風習を肌で感じることができる。

思いきって行ってみたい神話の島々に点在する　合田道人厳選！　パワースポット神社の行き方

（月讀神社）
長崎県壱岐市芦辺町国分東触464　（0920）47・3700
芦辺港から車で約10分　（壱岐市観光連盟）

（聖母宮）
長崎県壱岐市勝本町勝本浦554・2　（0920）42・0914
郷ノ浦港から車で約30分

（天手長男神社）
長崎県壱岐市郷ノ浦町田中触730　（0920）47・3700
郷ノ浦港から車で約10分　（壱岐市観光連盟）

（興神社）
長崎県壱岐市芦辺町湯岳興触676　（0920）47・3700
芦辺港から車で約15分　（壱岐市観光連盟）

（箱崎八幡神社）

長崎県壱岐市芦辺町箱崎釘ノ尾触1294　（0920）47・3700
芦辺港から車で約10分　（壱岐市観光連盟）

（島大国魂神社）
長崎県対馬市上対馬町豊409
比田勝港から車で約20分

（度津神社）
新潟県佐渡市羽茂飯岡550・4　（0259）88・2030
小木港から車で約20分

（大膳神社）
新潟県佐渡市竹田561　（0259）55・3589
両津港より車で約35分　（佐渡市観光協会）

（宇賀神社）
新潟県佐渡市両尾114　（0259）27・7727
両津港より車で約20分

大八島国が出来上がる!!

ここまできて、とうとう天御虚空豊秋津根別《あめのみそらとよあきづねわけ》こと大倭豊秋津島《おおやまととよあきつしま》、すなわち畿内、本州が誕生することになる。

以上八つの島をイザナギとイザナミが最初に産んだことから、日本は大八島国《おおやしまのくに》とよぶようになったのだ。

その後も次のような島々を産み始めた。建日方別《たけひかたわけ》（タケヒカタ）とは、吉備《きび》の児島《こじま》、すなわち岡山県児島半島。大野手比売《おおぬでひめ》（オオヌデ）はあずき島、小豆島《しょうどしま》のことである。大多麻流別《おおたまるわけ》（オオタマル）といわれる大島、天一根《あめのひとね》（ヒトネ）という女島《ひめじま》、つまり姫島。天之忍男《あめのおしお》（オシオ）の知訶《ちかの》島、これは長崎県に属する五島《ごとう》列島のことをさす。さらに天両屋《あめのふたや》（フタヤ）という男女《だんじょ》群島と、全部で14の島を二神は産むのである。

これがイザナギとイザナミが日本の国々を誕生させるという偉業を伝えた神話のスタート部分なのである。

要注意！　オオワタツミとワタツミは違う！

次々と日本国を産んだ二神は、国土の次には数々の神々を産むことにした。神話は神産みの話になる。

イザナギとイザナミはまず大事忍男神《おおごとおしおのかみ》（オシオノ）を産んだ。これが最初に生まれた子だ。その名は「大事を終えた男神」という意味だから、国産みという大仕事を終え、これから新たな出発が始まることを表わしたぴったりな名となる。

それから家宅六神を産む。家宅六神とは、建物の材料や構造を示したものだ。

六柱最初の石土毘古神《いわつちびこのかみ》（イワツチビコ）は家の材料の土を、2番目の石巣比売神《いわすひめのかみ》（イワス姫）は砂を作り、大戸日別神《おおとひわけのかみ》（オオト）は出入口を守る。さらに天之吹男神《あめのふきおのかみ》（フキオ）は家の屋根の茅を葺《ふ》く力を持ち、大屋毘古神《おおやびこのかみ》（オオヤビコ）は、葺き終わった屋根のことを表わす。

そして家を暴風から守る風木津別之忍男神《かざもつわけのおしおのかみ》（カザモツワケノオシオ）、大綿津見神《おおわたつみのかみ》（オオワタツミ）、速秋津日子《はやあきつひこ》（ハヤアキツヒコ）、速秋津比売《はやあきつひめ》（ハヤアキツ姫）、大山津見神《おおやまつみのかみ》（オオオヤマツミ）と続く。

この中のオオワタツミは、大海神とも記される海の神である。住吉大社や志賀海《しかうみ》神社に祀られるワタツミ三神とよく混同されるが、実際は違う系統の海神だ。ワタツミ誕生の前、すでにオオワタツミは生まれているのだ。

オオワタツミは、実際は「海幸山幸」の山幸彦の妻・豊玉姫《とよたまひめ》（トヨタマ姫）の父・海神豊玉彦《とよたまひこ》（トヨタマヒコ）だといわれている。トヨタマヒコは海、海原そのものをさすとも、大海原を自由自在に支配していた水軍や海に浮かぶ島に住む集団だったとも考えられる。このあとにイザナギがスサノヲに海を支配するよう命ずる件《くだり》がある。そのため、トヨタマヒコがスサノヲだったという説も。

ハヤアキツヒコとその姫は、水戸《みなと》神として生まれている。古代、水戸（港）は河口に作られるものだった。河に穢《けが》れを流すから、祓除《はらいよけ》の神ともされるのだ。

祝詞《のりと》に「大祓詞《おおはらえのことば》」というものがある。これは川上に住む瀬織津比売《せおりつひめ》によって海へと流された罪穢れは、多くの潮流が渦巻く所に住むハヤアキツ姫によって、すべて呑み込んでもらえると語られるのだ。このふたつの神が祀られる由良湊《ゆらみなと》神社は、淡路へ上陸する要《かなめ》の地として栄えた、文字どおり由良にある。

人生をやり直したい、過去を清算したいといった人には、断然おすすめの神社である。

罪穢れを祓う神が祀られている　合田道人厳選！　パワースポット神社の行き方

（由良湊神社）
兵庫県洲本市由良３－５－２　（０７９９）２７－０５６２
洲本ＩＣから車で約10分

山の神なのに海を守る⁉

オオヤマツミは、山の神としておなじみだ。この神を祀る総本社は、愛媛県の大山祇神社《おおやまづみ》。建っている所は、今治市《いまばり》大三島町という。それゆえに全国の三島神社や大島神社などにはオオヤマツミが祀られているのだ。

ところがこの総本社、大山祇神社の祭神のオオヤマツミは、大山祇とは書かず大山積となっている。さらに、なぜか瀬戸内海の水軍の守護神とされてきたのだ。

えっ？　山の神が海を守る⁉

そうなのである。オオヤマツミという神は、山の神でありながら、海の神であったり、武門の神としても長く崇められてきた。

それだけではない。神奈川県伊勢原市大山にある大山阿夫利《おおやまあふり》神社では祈雨祈晴、農耕守護の神として信仰されてきたし、酒造りの神として祀っている神社もある。

オオヤマツミの娘、木花佐久夜比売《このはなさくやびめ》（サクヤ姫）が、天つ神の子供を出産したことで、喜んだ父神が日本初の水田、狭名田《さなだ》の長田《おさだ》で、天甜酒《あめのたむざけ》を造り、皆にふるまったことから発するという。これが穀物から酒を造ったはじまりである。狭名田の神田は、今もなお霧島神宮で行なわれる御田植祭で受け継がれている。

海の神、山の神、酒の神でもあるオオヤマツミを祀る
合田道人厳選！　パワースポット神社の行き方

大山祇神社（海）
愛媛県今治市大三島町宮浦３３２７　（０８９７）８２‐００３２

せとうちバス「大山祇神社前」下車すぐ

大山阿夫利神社（山）

神奈川県伊勢原市大山355（0463）95-2006

東名厚木ICより車で約40分

霧島神宮（酒）

鹿児島県霧島市霧島田口2608-5（0995）57-0001

JR日豊本線　霧島神宮駅から車で約10分

女性器が燃えて死ぬ神

イザナギは最後に火の神、火之迦具土神《ひのかぐつちのかみ》（カグツチ）を産むことにした。ところが、そのときイザナミが突然、悲鳴を上げる。「ギャー」。

相手は火である。なんと出産のときに、イザナミは陰部、つまり女性器を焼かれてしまい、それが因《もと》で死んでしまうのである。まさかの展開。

火は人間の生活には欠かせない。火によって文明を作った。食物を調理したり、粘土を焼いて土器を作ることも知った。だがひとつ間違えば母すら殺すほどの威力を持つのだ。それは破壊的であり凶暴であり、命をも簡単に奪う自然界そのもののパワーである。

病床のイザナミは、苦しみながらも自分の吐瀉物《としゃぶつ》や大・小便から地上にとって必要な神を産んだ。しかし、とうとう死期を迎える。この時点で生命があるものにとっての、誕生と死のサイクルが成立した。

イザナミがカグツチを産んだ場所と『日本書紀』にあるのが熊野の産田《うぶた》神社である。樹齢600年とも700年ともいう木々の中に古めかしい社が建つ。神殿の左右には丸く平らな石が並んでいる。ここが神が降りたとする神籬《ひもろぎ》、カグツチが生まれたとされる場所だ。

そこを見物する場合は社殿前、賽銭箱の前から敷き詰められた白い石の上を歩くことになる。その場合は靴を脱ぎ一礼してから前へ進むこと。土足厳禁なのだ。

古代神社の原型を感じさせ、イザナミの葬儀を行なった場所ともされる。鳥居の手前には、「さんま寿し発祥の地」という看板が立っている。これは神社の祭礼で「さんま寿し」

が振舞われていたという記述からきている。
この神社を詣でた後、名古屋から新幹線で帰京する際、同じ号車で明石家《あかしや》さんまさんとお会いして、お話ししたのは単なる偶然だったのか？（笑）
実は前作の『神社の謎』が出たすぐあとにも、新幹線でさんまさんと同じ号車になり、手渡したことを思い出した。

〝さんま寿し発祥の地〟でもある産田神社

火の神様が生まれた　合田道人厳選！
パワースポット神社の行き方

（産田神社）
三重県熊野市有馬町１８１４
（０５９７）８９・２２２９（熊野市観光公社）
三交バス「産田神社前」下車

火伏せでなじみの愛宕様

母を犠牲にして生まれた、荒ぶる火の神にして火災を防ぐ神、カグツチは各地に祀られる。京都市右京区、標高924m愛宕《あたご》山山頂に鎮座する愛宕権現、白雲寺として知られた愛宕神社は古くから火伏せに霊験ありとされてきた。「火迺要慎《ひのようじん》」と書かれた愛宕の火伏札は京都の多くの家庭の台所や飲食店の厨房などに現在も貼られている。「愛宕の三つ参り」は3歳までに参拝すると一生火事に遭わないというもの。

ここを本宮として全国に800社以上もの愛宕神社があるが、徳川家康公の命《めい》で江戸東京に慶長8（1603）年に建てられた東京港区の愛宕神社は、東京23区内、天然の山としては一番の高さ、標高26mの愛宕山の山頂にある。当時は江戸を一望できた場所だ。〝火事と喧嘩は江戸の華〟と言われるが、火の手が上がると、ここからは遠くまですぐ発見できたという。

毎年6月23・24日に行なわれる千日詣りは、社殿前にしつらえた茅《ち》の輪をくぐり参詣すれば千日分のご利益があるとされる。その際に催されるほおずき市の発祥地もここであ

愛宕神社の出世の石段にあるパネルで記念撮影

る。

この神社に上がる急な石段は「出世の石段」とよばれる。由来は講談で有名な「寛永三馬術」の中の曲垣平九郎《まがきへいくろう》の故事にちなむ。この階段を馬で駆け上がり、家光《いえみつ》に一目置かれ出世したことから「出世の階段」となった。松下幸之助《まつしたこうのすけ》もＳＭＡＰの木村拓哉《きむらたくや》や浜崎《はまさき》あゆみもこの急な石段を上がったとか。もちろん私も登ってはいるのだけれど…。

横手にはゆるやかな女坂もあるが、足腰の弱い人のために今はエレベーターも作られている。

そしてもう一社、火の神として忘れてはならないのが秋葉《あきは》神社。本宮、静岡県浜松市の秋葉《あきは》山本宮《さんほんぐう》秋葉《あきは》神社《じんじゃ》は、標高86ｍの秋葉山山頂付近、天竜川の上流に位置している。

山頂の上社とふもとの気田《けた》川の畔の下社とは、徒歩で2時間ほどかかるが、今は車道も通じている。車でそのまま向かってしまうと忘れがちだが、まずは下社にお参りするのが基本。階段を上り、過去を焼き払い新しい人生を芽吹かせるパワーをここで頂戴してから、たとえ車であっても本宮へ上っていくのがコツ。

毎年12月15、16日の両日に行なわれる「秋葉の火まつり」の火の舞は、荘厳かつ優美。神々しく幻想的な舞姿は、まるでイザナミそのものである。母の強さと悲しみと、火の神をこの世に産み落とした誇りと自信を感じさせるのだ。

火の神様を祀る　合田道人厳選！　パワースポット神社の行き方

〈愛宕神社〉

京都府京都市右京区嵯峨愛宕町1　（075）861-0658

京都バス「清滝」下車　徒歩約90分

〈愛宕神社〉

東京都港区愛宕1-5-3　（03）3431-0327

地下鉄日比谷線神谷町駅より徒歩約5分
（秋葉山本宮秋葉神社）
静岡県浜松市天竜区春野町領家841　（053）985-0111（上社）
JR浜松駅より徒歩約5分

父、息子を殺す

だが父は妻を殺す原因を作ったカグツチを許せなかった。とうとう我が子に手にかけたのだ。十拳剣《とつかのつるぎ》で切り殺したのである。

岩石に飛び散ったカグツチの血から、建御雷之男神《たけみかづちのおのがみ》（タケミカヅチ）などの火・雷・刀に関する神が化生する。

タケミカヅチは雷神、刀神としてその後も登場し活躍する神で鹿島《かしま》神宮のご祭神でもあるが、これは出雲国譲りでたっぷりと。

さらにカグツチの死体の頭、胸、性器、左右の手足からと神は続々誕生してくるのだ。

母を殺して産まれたものの、父の手によって殺されるカグツチの怒り、悲しみ、怨みが、時に火災など恐怖の形として表われるようになったとされている。

第2章

黄泉の国へ
追いかけていくイザナギを
追いかけるイザナミ⁉

～黄泉の国を訪れ、アマテラスらが生まれた～のあらすじ

妻、イザナミを失ったイザナギは、まだすべてのものを作り、産み終えていないからと、死者が集まる黄泉《よみ》の国に行き、「一緒に帰ろう」と誘う。

しかし、すでに妻は黄泉の国の食べ物を食していたため、変わり果てた姿になっていた。その姿を見て仰天した夫は、恐さのあまりに逃げ出す。しかしその後ろを必死に追いかけてくるイザナミ。イザナギは大きな岩で道を塞《ふさ》いで、やっとの思いで現世に戻った。

イザナギは死者の世界の穢れを清めるために、禊《みそぎ》を始めた。

この際にもさまざまな神が誕生する。そして最後にアマテラス、ツクヨミ、スサノヲの三人の子供が生まれたのだ。

三貴神とよばれる神々は、それぞれ日の神、月の神、海の支配を命じられることになる。

イザナミの墓所の大岩

愛するイザナミを失ったイザナギは、悲しみながら妻を葬る。ところがこれは『古事記』での話であり、『日本書紀』ではイザナミが亡くなる場面は出てこない。したがってイザナギの黄泉の国への訪問もない。当然の如く、アマテラスなどの三貴神は二人仲良く性交の末、誕生させることとなっているのだ。

ただし『日本書紀』の一書、つまりこういう説もあるという中で、三貴神誕生後に火の神、カグツチの出生でイザナミはみまかっているのだ。そして葬られた場所が紀伊の熊野の有馬村とされている。

カグツチ出産の場所、「さんま寿し発祥の地」の産田神社から車で約5分で、その当地と伝わる花窟《はなのいわや》神社に到着する。鳥居をくぐり、日本最古の神社と書かれた紫色ののぼりの中を急いだ。社務所のような建物の中央だけがくり抜かれた参道を通り抜けた途端、私はぐるぐると目が回るような錯覚に襲われた。忽然と目の前に現われたのは、高さ約45メートルの巨岩の磐座、いや大岩だったのである。その迫力といったらない。

イザナミの葬地とされる高さ45メートルの巨石

その巨石の下にある〝ほと穴〟とよばれる大きな窪みの下に、イザナミが祀られているとされるのだ。社殿がない分だけ迫力が増している。まさに世界遺産の名にふさわしいみごとなまでの自然の力である。

ここがイザナミの葬地とされる場所。岩を幾度も角度を替えて見ていると、イザナミの顔が浮かんで見えてくるようなのだ。

実はその巨岩の対面にも高さ18メートルの巨岩が立っている。ここがカグツチの墓所とされている。

母と息子がいつも向かい合っている。息子のほうの岩を見上げていると、こちらも強そうな男性の顔が浮かんでくる。あれはまさしくカグツチに違いない。

軻遇突智尊（カグツチ）の神霊を祀る王子ノ窟

熊野独特の磐座信仰の姿を今日に伝え、花の窟《いわや》の御綱かけ神事という祭りが今も続いている。恐怖すら覚えさせる岩の前にしばらく立っていると、そこからじわじわと出てくるようなあったかいパワーを感じる。

それはまるで母の胎内のような、忘れているはずなのにどこか体で覚えている、何ともいえないやさしいオーラなのである。

ここを訪れるときは、悩みや苦しみを吐き出してしまうと、その後自然と考えも及ばなかった答えが出てくる。

出雲の比婆山のイザナミの墓

一方『古事記』では、イザナミの墓所を出雲国《いずものくに》と伯耆国《ほうきのくに》の境にある比婆山《ひばやま》としている。

島根県と広島県の県境付近に広がる比婆山連峰のひとつ、竜王山の南のふもとにイザナミを祀る比婆山熊野神社がある。ここも自然のパワーが満ち満ちている。

鳥居をくぐると、杉林がまず連なっている。その迫力がまたすごい。

下の写真、真ん中の木の前に立っている、豆粒大の私が見えるだろうか？　その高さ、その太さ、歴史の長さをお分かりいただけるはずだ。

杉林を歩いてゆくとひっそりと神社が建つ。境

内奥にある苔むす磐境《いわさか》からとてつもないエネルギーを発しているのが分かる。

ここは奈良時代の天平5（733）年に熊野神社の前称、比婆大神社が創建されるまでイザナミの御陵の祭祀場所だった。

祠は昔、大岩の上に祀られていた。ここは本来、比婆山の奥宮を遥拝する場所だったが二宮、三宮を通って鳥尾《ちようお》の滝（那智《なち》の滝）まで足を延ばし、竜王山の山頂を越えると島根県になる。

奥宮へと近づくほどにパワーが強力になってくることを体で感じる。心底から願いをかけると、どんな願いをも聞き入れてくれそうなスポットである。

ところが、出雲の隣の安来《やすぎ》市にも実は比婆山と称される山がある。

比婆山久米神社は里にある下宮と山頂の奥宮があるが、この山頂にもイザナミの神陵とされる古墳が残っているのだ。

ここの山だけにしか生息していないという幻の竹、陰陽竹《いんようちく》はイザナミが出産のため、比婆山に上がった際、杖にした竹が根を下ろしたものとされ、この竹を杖にすれば安産だといわれる。また玉抱石《たまがかえいし》には神氣がこもり、不妊症の人が石に触れると霊氣によって、玉のような子供が授かると太古より伝えられてきた。

このほかにも、滋賀県彦根《ひこね》にある比婆神社や徳島県吉野川の高越山《こうつ》にある伊射奈美《いざなみ》神社などにも「イザナミ陵」の伝承が残る。

イザナミの御陵とされる　合田道人厳選！　パワースポット神社の行き方

（花窟神社）

三重県熊野市有馬町上地１３０番地　（０５９７）８９・０１００

紀勢自動車道　尾鷲北ＩＣより車で約30分　（熊野市観光協会）

ＪＲ東海熊野市駅より三重交通バスで「花の窟」下車

（比婆山熊野神社）

広島県庄原市西城町大字熊野字熊野１１６０　（０８２４）７５・０１７３

庄原ＩＣから車で40分　（庄原市観光協会）

（比婆山久米神社）

島根県安来市伯太町横屋８４４・１　（０８５４）３７・０３１５

安来ＩＣから車で30分

死の女神が追いすがってくる怖いシーンは一体？

ところがどうしてもイザナギは、愛する妻・イザナミを忘れることができなかった。いや、まだ神産みを終えていないからである。そこでイザナギはイザナミを探して、再会を試みるのだ。その地こそが黄泉の国である。

『古事記』には黄泉の国は死者の国とされているものの、場所についてはふれられていない。だが、黄泉の国まで行って、イザナギは妻に向かってこう願い出るのだ。

「一緒に帰ってほしい」

ところがイザナミはすでにヨモツヘクヒをしてしまったのだ。

ヨモツヘクヒ？

ヨモツヘクヒとは、黄泉の国の食べ物を口にしてしまったということをさす。つまりこれはイザナギと一緒に、もう元の暮らしには戻れないということの証しでもあった。一度死んでしまった者は、生き返ることはできないというわけである。

それでもイザナギは懇願する。そんな夫を前に、妻はこう言った。

「分かりました。では黄泉の国の他の神々に、一緒に帰ってよいものか、相談して参ります。けれどその間、決して私の姿を覗き見してはなりません」

そう言い残し、奥へと姿を消してゆく。時間は経過する。〝見るな〟と言われると、見たくなるのが人情。実にイザナギの人間臭さを感じさせるシーンである。イザナギは約束を違《たが》えて、持っていた櫛《くし》の歯を折り、そこに火を灯し、夜の闇のように真っ暗な黄泉の御殿へと、足を踏み入れた。黄泉が〝夜見〟を意味していたり、〝闇〟が転じたものではないかといわれるゆえんでもある。

そして御殿の奥を覗き見て、思わず凍りつく。

愛する妻の体には、無数の蛇やウジがたかって、頭や胸には八柱の雷神を生じさせた、変わり果てた姿、死んだあとの姿そのものだったのである。その奇妙な姿に驚愕し、百年の恋も一瞬にして冷めてしまった。

イザナギは一目散に逃げ出す。しかしイザナミは夫が約束を破って、自分の醜い姿を見て恥をかかせ、さらに逃亡という行動に出たことに怒り狂った。捕まえようと追いかけてきたのである。

国土や万物を産み出す母なる女神だったイザナミは、一転して醜く恐ろしい死の女神、イザナミへと変身してしまうのである。

逃げるイザナギに向かって、イザナミは手下の醜女《しこめ》たちに追って捕まえるように指示を出すが、イザナギはここから逃げ出すために持っていたものを手当たり次第に投げつける。まずは黒御鬘《くろみかずら》、つまり髪飾りを投げつけた。するとそれは山葡萄《やまぶどう》に姿を変えた。醜女らはそれに食らいつく。

山葡萄は古くはエビ葛《かずら》とよばれた。黒いかずらがエビ色のかずらに代わるのは、どんどんと明るくなってきた、つまり助かる方向への道しるべを描いている証拠。エビ葛を食べているすきを見て、イザナギは明るい方向、ひとすじの光を求めて出口へと逃げ出す。しかし醜女は食べ終わると、またものすごい勢いで追いすがってくる。怖い！

今度は櫛《くし》の歯を投げつけた。櫛は筍《たけのこ》に姿を変えるが、櫛には霊妙なこと、不思議なことといった意味がある。奇《く》し、霊《くし》が語源となっているためである。さらに「苦死」に通じるため、贈り物などには適さないとされ、別れを告げる呪力を持っているともされる。櫛を投げつけることで、イザナギはイザナミに永遠の別れを告げていると考えられるのだ。

櫛筍《くしげ》という言葉がある。

クシとタケノコという字だ。櫛笥は櫛などを入れておく箱のこと。死しても美しくいてほしいという亡き妻へのせめてもの思いやりだろうか？　さらにタケノコは生長が速いことから、猛スピードで逃げている様、追いかけてくる様を表現している。

そのタケノコをうまそうに食す醜女たち。逃げるイザナギ。

しかし、とうとうイザナミから生じていた八柱の雷神と1500もの軍勢が追撃してきたのである。イザナギは、カグツチを殺した十拳剣《とつかのつるぎ》を、嫌《いや》というほど振り回して追っ手を阻《はば》んだ。しかしどんどん差は縮まってくる。万事休す。

間一髪のところで、イザナギは黄泉の国、つまりあの世とこの世を隔てる黄泉比良坂《よもつひらさか》にたどり着いたのだった。

そのとき、傍らに実る桃の実が目に入った。それを三つもぎ取り、追っ手に投げつける。すると軍勢は蜘蛛の子のようにパッと散らばり、イザナギは助かった。しかし黄泉比良坂を上り始めたとき、後ろからイザナミ本人が追いすがってきたのだ。

イザナギは黄泉比良坂の上まで上りつめ、そこにあった地引《ちびき》の石《いわ》という千人がかりでやっと動かすことができるような巨大な岩で黄泉の国の入口を塞いだ。岩で境界線を作り永遠の訣別《けつべつ》をするのだった。

黄泉の国へ続くという伊賦夜坂の看板

黄泉比良坂は何処に？

あの世とこの世の境界線とされる大岩は、島根と広島の境のほうの比婆山山中に千曳《ちびき》岩として今も残る。ところがここだけではなく、「こここそが黄泉の国」とされる場所があるのだ。

二人が夫婦の契りを解消した場所である黄泉比良坂《よもつひらさか》を、『古事記』は「今の出雲の伊賦夜坂《いふやざか》」にあると記す。その坂が今も残るのだ。昔から「夕暮れどきに死者がその坂を通ってこの世と往来する地」と言い伝えられてきた場所である。

重厚かつ覆いかぶさるような迫力の本殿

黄泉比良坂、走ってあの世から生還!?

にイザナミを祀っている揖夜《いや》神社が建つ近辺こそが、『古事記』にいう伊賦夜坂だとされる。ここが黄泉の国の入口だと伝わるのだ。

実はこの神社、今も〝いや神社〟ではなく、〝いふや神社〟とよむのが本当で、『日本書紀』にもここを言屋社と書いて〝いふや〟とよむとあるのだ。

ここから東方へ数キロの地点に黄泉比良坂の碑が立つ。鬱蒼《うつそう》とした木立の近くには千曳岩を思わせる大きな岩。幾度訪れても異様なエネルギーを発しているが、はてこの夫婦間の戦いはどうやって解せばいいか？

たとえ母の命を奪ったとしても、いやこの出産により健康を害したとも、その後の性行為がままならなくなったとも考えられはするが、その腹いせのように息子を手にかけた非情な父、イザナギに対して母は許さなかったということか。または母と息子が手を組み、王の座を父から奪おうとしたのか。しかしそれは叶わなかった。それがこの戦いの本質だとしたら?

すべては黄泉の国という名の闇に葬られてしまった。

黄泉の国の入口　合田道人厳選!　パワースポット神社の行き方

(揖夜神社)

島根県松江市東出雲町揖屋2229　(0852)52-6888

JR山陰本線揖屋駅より徒歩約10分

(黄泉比良坂)

島根県松江市東出雲町揖屋2376-3　(0852)55-5841

JR山陰本線揖屋駅より徒歩約25分　(松江市東出雲支所地域振興課)

桃の威力を祀るおもしろ神社

イザナミに桃を投げつけると、敵は退散した。桃にはどんな力が秘められているのか？

桃は中国の思想で邪気を祓う呪力があると信じられ、現に桃膠《とうきょう》（桃の木の樹脂、ヤニ）からとれる薬は、万病に効くとされた。加工して服用すれば、モノを食べなくても腹が空かなくなるとか？　ダイエット食品か？

そういえば日本の行事とされる節分の豆まきは、もともと中国からの伝来だが、中国では豆ではなく桃を投げて鬼や邪悪なものをつぶすのだ。それが平安時代に日本に伝わり、だんだん悪魔の芽、つまり〝魔芽〟をつぶすところから豆へと変じたのだ。

イザナギは、黄泉の国の戦いで命を守った功績を重んじ、桃の実に対して意富加牟豆美《おおかむずみ》命《みこと》（オオカムヅミ）の神名を授けている。そして、「お前が私を救ったようにわが国のあらゆる生ある人々が苦しみ、悲しみ、悩むときに助けてやってくれ」と命じたのだ。

平成22（２０１０）年、奈良の纏向《まきむく》遺跡において3世紀前半と推測される土坑の中から、２千個以上の桃の種が出土、祭祀にも使われていたことが判明した。

考えてみれば「桃の節句」というのも女の子が邪悪なものを避けて成長するためのお祭りだし、日本昔ばなしの王者「桃太郎」は桃から生まれて鬼退治をするという筋書きである。実質的には、黄泉の国の戦いの結末で活躍したのが、「桃太郎」率いる一軍だとしたらおとぎ話にはならなくなってくるだろう。

桃太郎といえば、そのモデルといわれる岡山の吉備津彦命《きびつひこのみこと》（キビツヒコ）を祀る吉備津彦神社をすぐに思い起こすが、愛知県犬山市《いぬやま》にある、その名も桃太郎神社の祭神は、この桃の神、オオカムヅミなのである。

桃色の桃型鳥居と桃太郎の像。キジやサル、犬に鬼たちの像が出迎えてくれる遊園地的要素まで持っている神社なのだ。

実は犬山の木曾川《きそ》沿岸には桃太郎誕生地伝説が残る。

この場所の名前、犬山は桃太郎のお供をした犬とされる家来の住んだ場所であり、近くには猿洞《さるぼら》や雉ヶ棚《きじがたな》という場所もある。桃太郎を育てたおじいさん、おばあさんの家があった桃太郎屋敷（古屋敷）、そして桃太郎神社から北へ0・5キロの位置には桃山がある。

ここは桃太郎が最後に姿を隠した場所といわれる。つまりここが桃太郎の墓場となったのだろう。

桃太郎神社は桃太郎がお出迎え

そこから桃山を御神体として、そのふもとにある磐座《いわくら》で祭祀が行なわれていたのだ。

宝物殿には鬼の子のミイラの写真や鬼のイチモツとされる珍宝《ちんぽう》（？）が残され、それがまた面白味を増しているが、神社の鳥居から木曽川へ歩きながら後ろを振り向くと桃山がグッと迫り来るのだ。その力は、まさにイザナギに命じられたとおり、あらゆる生ある人々の苦しみ、悲しみ、悩みを助けてくれるようだ。

さらに桃には回春の力がある。これは桃を食べると若返る、要するに閉経した女性が再び女性に返る力を与えてくれるのだ。実は昔話「桃太郎」は、桃を食べることによって若返ったおじいさんとおばあさんに子宝が授かったという本筋らしきものがある。

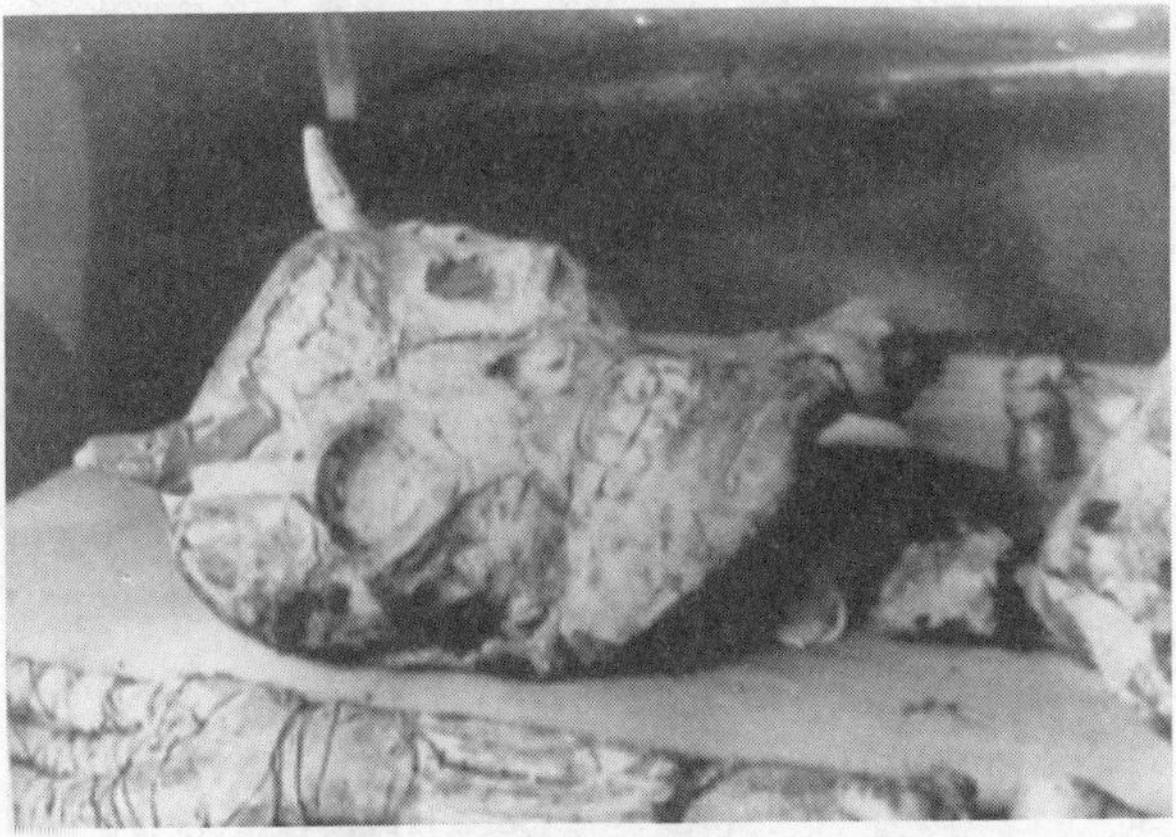

鬼の子のミイラの写真も展示されている

妻を亡くしたイザナギが、これからアマテラスたちを誕生させるわけだ。

これはもしや、桃によって助けられたということは、意外や意外、珍宝（?）効果著《いちじる》しく、精力が甦《よみがえ》ってイザナミ以外の女性との出会いがあったということだったのでは？「甦り」。まさに「黄泉返《よみがえ》り」である。

オオカムヅミを祀る　合田道人厳選！　パワースポット神社の行き方

（桃太郎神社）
愛知県犬山市栗栖大平853　（0568）61-1586
東名神小牧IC・中央道小牧東ICより各々車で約20分
名鉄犬山遊園駅より車で約5分

喧嘩仲裁の神が持つ、人と人との本当の縁

桃で黄泉の軍勢を退治して現世に引き戻ったイザナギと、岩を隔ててあの世の神になら

ざるを得なくなったイザナミは、最後の言い争いをする。

妻、イザナミは「私の姿を見るなと言ったのに、見られて逃げ出されるという恥ずかしい思いをしたのだから、今後あなたの国の者を毎日1000人ずつ殺すことにする」と怨みを込めて言い放った。すると夫、イザナギがこう言い返す。「仕方あるまい。しかしながら、そんなことをするのであらば、私は一日1500人の産屋を建ててやろう」

これによって人口は、増減の一定のペースが決まったといわれるのだ。

その二神の喧嘩の仲裁役を買って出たのが菊理媛尊《くくりひめのみこと》（ククリ姫またはキクリ姫）という女神である。

イザナギ、イザナミという強力な二神の戦いを制したのだから、このククリ姫、相当のパワーの持ち主であるかは分かろうというもの。

この件《くだり》にしか登場しない神にもかかわらず、ククリ姫を祀る神社は数多い。全国に三千余社もある白山神社がそうなのである。ククリ姫と白山姫《しらやまひめ》が同一神とされるのだ。

総本山は石川県白山《はくさん》市に鎮座する加賀国の一宮、白山比咩《しらやまひめ》神社である。何度訪ねても気持ちをすっきりさせてくれる、すがすがしい、おすすめの神社である。

と、いうより私にとっては、それこそ不思議な心持ちを授けてくれた場所なのだ。そのことは前2冊の『神社の謎』にも書いた。講演やコンサートがこの近くで行なわれ、そのたびにお参りする機会に恵まれたのだ。年に1回、いや多いときには2回3回と仕事があり、それが5年も6年も続いた。その後、まるで「これからは全国の神社を回りなさい」といった指令が下りたかのようにさまざまな全国の神社を回るようになる。いや、回れるようになった。

この神社は、導きと善悪をしっかり決める力にあふれている。まさに全国を動き回るパワーを授けてくれた、つまり縁結びである。自己の成長につながる縁を運んでもらえるのだ。自《おの》ずと人生にとって本当に素晴らしい出会い、縁を授けてくれる、魂を結ぶ〝結び〟の御利益が期待できると確信する。

考えてみればククリ姫の〝くくり〟は、縁をくくる、縁を結ぶという意味だったのだ。同時に仲裁の力とは、どちらが正しいのか、どういう道を歩むべきなのかという眼力が養われることになる。人生や生活をしっかりとフォローしてくれる人たちが自然に自分の周りに集まってくれる力も備わるのだ。

さらに白山姫から十二分なパワーを注入してもらうには奥宮参拝がポイントとなる。この御神体である白山の奥宮に参るには、徒歩で5時間ほど登山するが、冬場は登山禁止。ただ、この本宮には境内に白山を望み、奥宮を遥拝する社がある。私はそこで必ず、祝詞《のりと》の祓詞《はらえことば》を上げ、凜《りん》とした白山の氣をいただくようにしている。

ククリ姫はもちろん、イザナギとイザナミの二柱も祭神とされている。

白山比咩神社

喧嘩仲裁、縁のくくりを司ることができる
合田道人厳選！　パワースポット神社の行き方

（白山比咩神社）
石川県白山市三宮町ニ105・1
（076）272・0680
北陸道美川ＩＣより車で約20分
北鉄石川線鶴来駅より車で約10分

祝詞が生まれた場所こそ

桃に助けられ、ククリ姫に仲裁されたイザナギは、黄泉の国から戻った。

そして自分が負《お》った穢《けが》れを清めたいと考えた。その禊《みそぎ》を行なう場所が筑紫の日向《ひむか》国の橘《たちばな》の小門《おど》の阿波岐原《あわきはら》とされる。

白山比咩神社で唱えた祝詞の誕生の地がそこだ。

禊とは、元来水浴して体についた罪や穢れを清める儀式のことで、神道には欠かせない行事である。人は誰もが知らず識《し》らずのうちに、小さな罪を犯したり汚れたものに触れているという。子供時代、親にちょっと嘘をついてしまったとか、弟や妹にズルしてお菓子の数を自分のほうがひとつ多くしてしまったりとか、黄色い信号だけど渡ってしまったり、文句を言ってしまったり…。まあ、誰にでもそんな経験はあるはずだが、それもやっぱり罪穢れなのだ。

悩みや疲れ、嫉妬《しっと》や怨みなどは、すべて氣が枯れることから引き起こされる。氣が枯れる、つまり〝氣枯《けが》れ〟こそが穢《けが》れなのだ。その〝氣枯れ〟を正常で元の氣の状態に戻す、

〝元の氣〟、つまり元気を取り戻すために祓《はら》い、洗い流すのだ。

神社で厄払いやご祈禱をお願いすると、神職は必ず神事を始める前に祓詞を読む。もし神職に頼むことがなくても、私がそうであるように自分で祓詞を唱えて神前にお参りするのがいい。イザナギが阿波岐原で身を清めたことが、祓いの起源なのである。

前回までの本にもその「祓詞」を書き記したが、拙著を手にお参りした人たちから、「これを見ながら祝詞をあげてみました」「やはりよりパワーをいただこうとするなら、これは基本だと知りました」などと言われた。ここにまた、その阿波岐原で誕生した言葉を書き並べておこう。きっと役立つと思う。是非とも、あなたも祝詞の「祓詞」を口に出して読んでからお参りしよう。

祓詞

掛《かけ》まくも畏《かしこ》き伊邪那岐大神《いざなぎのおおかみ》、筑紫《つくし》の日向《ひむか》の橘《たちばな》の小門《おど》の阿波岐原に御禊祓《みそぎはら》え給《たま》いし時《とき》に生《なり》ませる祓戸《はらえど》の大神等《おおかみたち》、諸《もろもろ》の禍事罪穢《まがごとつみけが》れ、有《あ》らんをば、祓《はら》え給《たま》い清《きよ》め給《たま》えと白《もう》す事《こと》を聞《き》こし食《め》せと恐《かしこ》み恐《かしこ》みも白《もう》す。

要約するとすれば、イザナギの大神が筑紫の日向の橘の小門の阿波岐原で禊をされたときに生まれた祓戸の神様たちよ、さまざまな罪や穢れを洗い清めてください、といったところ。

禊祓いの伝承地ですべての罪を洗い流そう!

さて、この筑紫の日向《ひむか》の橘の小門の阿波岐原といわれる場所も訪れたい。

筑紫とは九州をさすことになる。それで九州の日向となれば、日向国《ひゅうがのくに》、現在の宮崎県という解釈でいいだろう。

しかし、いくらなんでも淡路島を拠点としたイザナミが、出雲の黄泉の国まで行き、そのまま禊祓いのために九州に戻るというのは、新幹線や飛行機がある時代でもあるまいし、ちょっと不可解なのだ。ここをどう分かりやすく解すべきか?

こんな憶測はいかがだろうか？　イザナギの国である淡路島に、出雲の勢が攻め入ってきた。そこで妻イザナミは相手の手に落ちてしまう。そのあとを懸命に追ったものの、出雲で人質となった妻は亡き者とされてしまう。

「私の怨みで、敵を毎日1000人ずつ殺してやる」と言い残して妻は逝《い》った。「イザナミー」と悲しいイザナギの声だけが、出雲の山にこだまする。

遺骸を近くの山に埋めると、手勢が少ないイザナギは海へ下り、ふるさとの南の方角へと戻る。「いつの日か」と復讐を心に誓いながら…。

そしてイザナギは、橘の小門の阿波岐原とされる場所へと戻った。淡路島になぜ帰らなかったのか？　そこにまだ敵がいたのかもしれないし、はたまた九州宮崎あたりの豪族へ出雲征伐のための加勢を頼みに行ったとも考えられる。

穢れを落とすとは、氣を入れ直す、ふたたびの元氣の注入のためにここを訪れたことは確かである。

そこは今もなお阿波岐原《あわぎがはら》町《ちょう》という町名がしっかりと残されている。そしてイザナギが禊をしたとされる〝みそぎ池〟（御池）が残る場所だ。

でも禊をした場所は『古事記』では海と記される。池では辻褄が合わないのではなかろうか？

ところが調べると、現在この池が残る県立阿波岐原森林公園は、一ツ葉《ひとつば》海岸に隣接している。かつてはここ一帯は入江だったのだ。

のちに開墾され、入江に作った田んぼを意味する江田《えだ》と称された。池のすぐ南方に建つイザナギを祀る古社も江田神社という。

『延喜式』（967年）にも日向四社として紹介される古社である。

江田神社の神木はクスノキだが、そこを触りながら、それまでの過《あやま》ちの許しを乞《こ》うと新たな人生の門出を迎えることができるとされる。まさに罪穢れを取り去ってくれる場なのだ。

この地で禊をしたイザナギは、妻への復讐をやり遂げるためにも、枯れた氣を復活させなければならなかった。そしてにわかに元氣を取り戻したのだ。

これがのちの出雲からの国譲りへと発展していったとも考えられるし、妻を亡くした悲しみから抜け出し、元氣になって新たな子を生《な》すとも考えられるのである。

身に着けていた杖や冠、服や下着などを脱ぎ捨て、沐浴《もくよく》したイザナギが海に体を沈め清め出すと、新たな12柱の神たちが生まれたと神話は語る。

ここが“みそぎ池”

江田神社もパワー抜群！

イザナギの禊《みそ》ぎによって生まれた神々（古事記より）

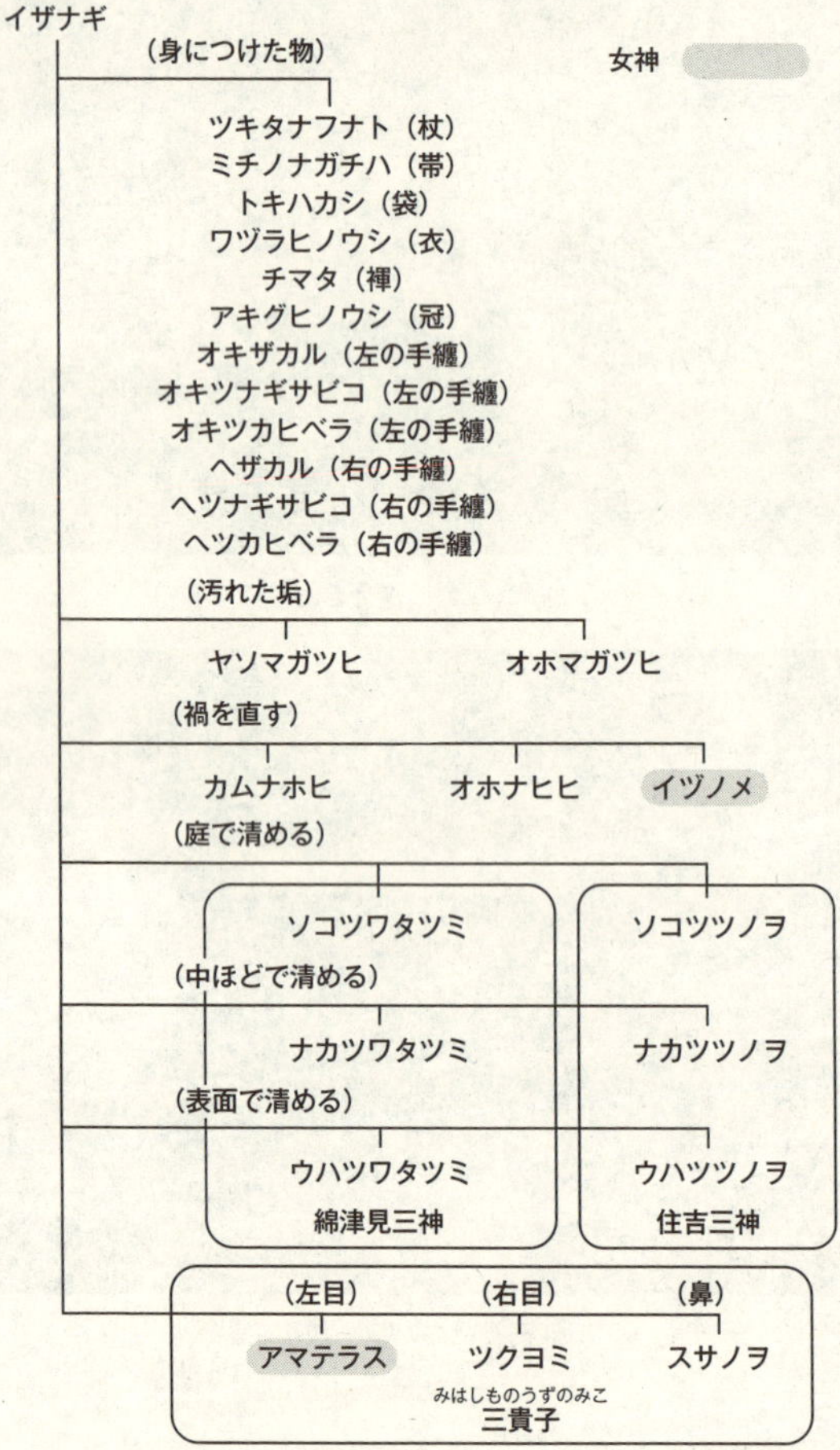

イザナギ
（身につけた物）
女神
ツキタナフナト（杖）
ミチノナガチハ（帯）
トキハカシ（袋）
ワヅラヒノウシ（衣）
チマタ（褌）
アキグヒノウシ（冠）
オキザカル（左の手纏）
オキツナギサビコ（左の手纏）
オキツカヒベラ（左の手纏）
ヘザカル（右の手纏）
ヘツナギサビコ（右の手纏）
ヘツカヒベラ（右の手纏）
（汚れた垢）
ヤソマガツヒ
オホマガツヒ
（禍を直す）
カムナホヒ
オホナヒヒ
イヅノメ
（底で清める）
ソコツワタツミ
ソコツツノヲ
（中ほどで清める）
ナカツワタツミ
ナカツツノヲ
（表面で清める）
ウハツワタツミ
ウハツツノヲ
綿津見三神
住吉三神
（左目）
（右目）
（鼻）
アマテラス
ツクヨミ
スサノヲ
三貴子《みはしものうずのみこ》

その神たちを、より分かりやすく図式化してみると、こんな感じだ。
イザナギの垢《あか》からは、先に生まれている神、オオワタツミとは異なる綿津見《わたつみ》（ワタツミ）三神、そして住吉三神という六柱の海の神が、このときに誕生するのである。

イザナギが穢れを洗い流し、元氣を取り戻した場所
合田道人厳選！　パワースポット神社の行き方

（江田神社）
宮崎県宮崎市阿波岐原町産母127　（0985）39－3743
宮崎市フェニックス自然動物公園行きバスで40分、「江田神社」下車

（御池）
宮崎県都城市御池町　（0985）23－2635
（県立阿波岐原森林公園管理事務所）
江田神社から徒歩約5分、県立阿波岐原森林公園市民の森東北角

砂州をたどって参る海の神の島

ワタツミ三神は、『古事記』によれば「阿曇連等《あずみのむらじら》の祖神《おやがみ》」と綴られる。

阿曇連とは筑前国（福岡）を本拠とした海人集団で、これはのちに登場の「海彦山彦」にも関係してくるのだが、その安曇氏が古代より現代まで脈々と祭祀を行なっているのが「海神の総本社」として信仰を集めてきた福岡の志賀海《しかうみ》神社である。

玄界灘《げんかいなだ》の航海の難所として知られた志賀島《しかのしま》は、博多湾の北部、玄海灘に面する。つまり、島といえども砂州《さす》である。そこは、海と海に挟まれた「海の中道」で九州本土とつながっている。この島は天明4（1784）年に、あの「漢委奴国王」の金印発見場所としても有名な所である。

ここは航海の安全守護、また海難で亡くなった人たちの霊を鎮《しず》め、残った者たちの悲しみをやわらげ、勇気をもたらせてくれる力を持っている。

こんな話をすると、東日本大震災のあの海難を思い出さずにはいられなくなるが、参道はまるで「海の宮」竜宮城へと続いているような錯覚に陥る。まさに海の中で暮らすようになった人々にふたたび出会えるような雰囲気を持っているのだ。

拝殿の手前には〝お潮井〟とよばれる浄めの海の砂が置かれ、それを体にふりかけた。まるでこれまでの罪穢れを拭《ぬぐ》い落としてくれるようなパワーを感じた。

さらに例祭では「君が代」のルーツとされる神楽が奉納されている。

ここまできたら、志賀島の海岸側にある中津宮《なかつぐう》と、100メートルほど沖に離れた沖津《おきつ》宮《ぐう》にも詣でてみたいが、沖津宮は大潮時にのみ歩いて渡ってお参りできる。お試しのほどを！

海神ワタツミの総本社　合田道人厳選！　パワースポット神社の行き方

（志賀海神社）
福岡県福岡市東区志賀島877　（092）603‐6501
天神中央郵便局前よりバス60分

何でも叶えてくれそうな〝すみよっさん〟

さて、もうひとつの海の神、筒之男（ツツノオ）三神。もちろん海の守護神である。『古事記』には、「墨江《すみのえ》の三前《みまえ》の大神なり」とある。

と、なればこの三神を祀るのは、全国2300社もある住吉神社の総本社、摂津国《せっつのくに》の一宮、「すみよっさん」こと住吉大社である。

大社の境内の池に架かる優美な反橋《そりはし》、太鼓橋はつとに有名だが、この橋を渡るのは禊で生まれた三神に近づくためだとか、反っているのは地上と天上の国をつなぐ掛け橋としての

淀君奉納の反橋

虹にたとえたとされる。この橋は慶長年間に淀《よど》君《ぎみ》が奉納したものである。

反橋だけではなく、住吉鳥居などにしてもこの大社の建築物は実に独特。本宮の建ち方も珍しい。本殿は正面から、まずは上ツツノオを祀る第三本宮、中ツツノオの第二本宮、底ツツノオの第一本宮と縦に並び建ち、正面の第三本宮の右隣に神功皇后《じんぐうこうごう》を祭神とする第四本宮を配しているのだ。

後々の『古事記』にも登場する神功皇后の朝鮮半島、新羅への出兵の話に基づくが、その際、祭祀の方法を三神は詳しく皇后に教えた。それにより戦わずして新羅を得たとされる。『日本書紀』では新羅を敵軍とするが、『古事記』では征服色が弱い。

独特な建ち方をする住吉大社

実際、神功皇后の母方の祖先は新羅国王の子に当たる天之日矛《あめのひぼこ》とされるからだろうか。神功皇后は、息長帯比売命《おきながたらしひめのみこと》（オキナガタラシ姫）という名で書かれるが、このオキナガ氏というのは新羅系渡来人なのである。そのため『古事記』の説話は、『日本書紀』と違い新羅を好意的に書いている。やはり海の神は渡来系であるようなのだ。遣唐使が航海の無事を祈ったのもこの三神の大社である。

ここは海の守り神であると同時に、新たな出発の氣にあふれているのだ。それだけではない。歌の神としてのパワーをも授けてくれる神社として有名なのである。

いやいや、別段カラオケの神ではない！　祝詞、祓詞こそが歌、和歌、俳句などの源《みなもと》という考えに基づき〝歌の神〟とされたのである。そのため歌、音楽に関係する世界で働く人や、実際にカラオケが上達したいと思う人たちまでが詣でるようになったのだ。

出発の氣、カラオケ上達の面倒まで見てくれる　合田道人厳選！　パワースポット神社の行き方

（住吉大社）
大阪府大阪市住吉区2－9－89　（06）6672－0753
南海本線住吉大社駅から徒歩約3分

ついに誕生！ お伊勢さんの神・アマテラス

そしてとうとう、イザナギの禊祓いは佳境に入る。

イザナギは最後にまずは左目を洗った。そのとき、アマテラスの大神が生まれたのだ。さらに右目を洗うとツクヨミが、鼻を洗うとスサノヲが誕生した。

この三神が今まで生まれた神の中で最も高貴な神々とされ、それは〝三貴子《みはしらのうずのみこ》〟とよぶにふさわしいと、イザナギは大喜びするのである。

そこでアマテラスには高天原を支配させ、ツクヨミには夜を司らせ、スサノヲには海を治めるように命じたのである。

さて、アマテラスを祀るとなれば、やはりお待ちかね、伊勢神宮ということになる。

神話では、これからアマテラスの天岩戸《あまのいわと》伝承があり、ヤマト姫巡幸によって、三重県伊勢に鎮座することになるが、神様の誕生とその神を祀る神社探訪という、この本の書き口からあえて、ここに伊勢神宮を記す。

２０１３年の御遷宮の年、伊勢神宮を詣でた日本人の数は１４２０万人を突破。20年に

人の波が絶えない伊勢神宮内宮

一度の御遷宮の歴史1300年以上の中で最も多い参拝者数を記録し、現代の〝神社ブーム〟〝神様ブーム〟を形にして見せつけた。遷宮翌年の〝おかげ年〟も手伝ってその勢いは衰えない。鳥居をくぐって五十鈴川《いすずがわ》を渡る人の波が絶えないのである。

伊勢神宮とは、伊勢周辺に建てられた125社すべてを総してよぶ名前だが、すべてアマテラスを祀っているのではない。アマテラスを祀っているのがこの内宮《ないくう》（「ないぐう」ではなく「ないくう」とよむのが正しい）なのだが、現に内宮を参拝する前に訪れるのがほんとうである外宮《げくう》（「げぐう」ではなく「げくう」とよむ）の神は、アマテラスではない。

ここの神は食物の神、トヨウケの大神なの

である。

内宮に祀られる日本の大神、アマテラスはまさに〝日の国〟ニッポンを形づくり、繁栄させてきた力強き神である。その神が鎮座するこの場所をとうとう訪れる。

社を隠すように正絹でできた白い暖簾状の御帳(みとばり)より前の玉垣に入ってご挨拶する素晴らしい御垣内《みかきうち》参拝を、私は訪れるたびに体験させていただいているが、ここはおすすめの素晴らしい参拝である。

新しく建て替わったお宮に近づくだけで、体中がビリビリするような感覚にとらわれるのだ。その前に立つと、「ありがとうございます」「アマテラス様にお会いでき、感謝します」というのがやっと。そこで「〇〇をお願いします」など具体的なお願いなどしなくても十分。

2000円から上限なしの造営の寄付金を納めさせていただくことにより、何ともいえない力を体感させていただける。この体験をおすすめしたい。

なお内宮の前に外宮、さらにその前にも訪れて禊祓いをするべき二見興玉神社《ふたみおきたま》。また外宮内宮に入ってからの参拝の順番や心得、御垣内参拝へ進む場合の服装のことなどは、『全然、知らずにお参りしてた　神社の謎』の伊勢編や『さらにパワーをいただける　神社の謎』の伊勢・出雲編に詳しく書いているので参拝前には必ず参考にしていただきたい。そうしないと服装などのことで御垣内参拝が叶わない場合があるからだ。

伊勢神宮皇大神宮（内宮）のほかにアマテラスを祀る主要な神社として、京都府福知山市の皇大《こうたい》神社（元伊勢）、兵庫県西宮市の廣田《ひろた》神社、名古屋の熱田《あつた》神宮、和歌山市の日前《ひのくま》神宮、國懸《くにかかす》神宮などが挙げられる。

日本の大神様　合田道人厳選！　パワースポット神社の行き方

（伊勢神宮皇大神宮・内宮）　　（０５９６）２４・１１１１
三重県伊勢市宇治館町１
近鉄宇治山田駅からバス約15分

ツクヨミは男か女か？

一緒に誕生したツクヨミは、アマテラス、スサノヲの二柱と異なり、神話の中で大きな活躍が語られていない。だからこそ、その影ある存在力が魅力的なのだ。

『日本書紀』の一書によれば、アマテラスによって保食神《うけもちのかみ》（ウケモチ）に遣わされたツクヨミ（その際は月夜見の字が当てられている）は、ウケモチが口から食物を出してもてなそうとしたので、汚らわしいと怒って殺す。その死体から五穀が生じるが、アマテラスはツクヨミを悪神として、同じ時間に顔を合わせることがないようにアマテラスは太陽、ツクヨミは月を司ることに決めた。つまり昼と夜との対神だ。

だが『古事記』で同じく食の神であるオホゲツ姫を殺すのは、スサノヲなのだ。ツクヨミの登場頻度が少ないのは、スサノヲと同一人物だからではないかという説もあるほど。

そんなことからツクヨミを主祭神として祀っている神社は、結構少ないのである。

長崎県壱岐市の月讀神社は月夜見命、月弓命、月讀命の三柱を祀る。いずれもツクヨミをさすが、『日本書紀』によればここが月讀神社の本宮とされ、その分霊として山城国《やましろのくに》の

4つの宮が建ち並ぶ月讀宮は内宮の別宮

地を賜《たまわ》ったとある。それが現在は、京都最古の神社とされる松尾《まつのお》大社の境外摂社、月讀神社なのである。

さらにツクヨミが男なのか女なのかという議論もある。壱岐の本宮でも同じ名前の同神をなぜに三柱も祀っているのかという疑問も成り立つ。

実は、これはつまり祀る一族によって変化したものだと思われるのだ。

伊勢神宮の内宮、外宮の別宮として神宮近くにツクヨミを祀る宮がふたつあるが、内宮別宮は月讀宮《つきよみのみや》で、外宮のほうは月夜見宮《つきよみのみや》とする。それも月讀は夜の食国を支配し、男性の食物を司る男性神で、中臣氏《なかとみうじ》が祀ってきた。

一方の月夜見は陰陽思想による、女性の〝月のモノ〟（月経）がその裏に潜んでおり、女性の保食神、トヨウケと同一ともされている。こちらは度会氏《わたらいうじ》によって祀られたものなのだ。

内宮近くの月讀宮は4つの宮が建ち並ぶが、順番を間違わず拝まなければならない。まずはツクヨミのやさしい心（和御魂《にぎみたま》）を祀る月讀宮、続いてその向かって右手に建つツクヨミの怒りや強い思いを持つ荒御魂宮《あらみたまのみや》へ。

あともう一息で競り勝てるような状態にあるときなどに、真剣に拝すると強力な力を与えられる。さらに月讀宮の左隣にある父の伊佐奈岐《いざなぎ》宮、その隣の母神、伊佐奈彌《いざなみ》宮の順番で拝することだ。

下官別官の月夜見宮も、荒御霊《あらみたま》を祀っているので強い意志を持ってお参りしたい神社だ。荒御霊とは現実に姿を顕《あらわ》す、霊験あらたかな神の意志をさす。

夜を支配する月の神　合田道人厳選！　パワースポット神社の行き方

（月讀神社）本宮
長崎県壱岐市芦辺町国分東触464　（0920）47-3700

芦辺港から車で約10分　（壱岐市観光連盟）

〔月讀神社〕山城国

京都府京都市西京区松室山添町15　（075）394-6263

阪急嵐山線松尾大社駅下車

〔月讀宮〕伊勢国

三重県伊勢市中村町742-1　（0596）24-1111（神宮司庁）

近鉄五十鈴川駅から徒歩約10分

〔月夜見宮〕

三重県伊勢市宮後1丁目　（0596）24-1111（神宮司庁）

近鉄・JR伊勢市駅から徒歩約10分

スサノヲと牛頭天王が同一視される奇跡の神社

さあ、もう一神のスサノヲは、次なる第3章の主人公のひとりである。神話とともにそのゆかりの神社を訪ねていきたいが、須佐之男《すさのを》神社、素盞嗚《すさのお》神社、須佐《すさ》神社などその名もズバリ！　という神社が全国に数多い。

この後、スサノヲは高天原という高い場所（山？）から出雲国へと移り住むことになるが、『日本書紀』の、韓国新羅の曾尸茂梨《そしもり》に降りる話は、少しばかり先述したが、スサノヲは明治初期までの神仏混淆時代には、牛頭天王《ごずてんのう》と同一化していた。

牛頭天王は曾尸茂梨の神なのである。さらに韓国には牛頭山という名の山や、牛頭とつく島、地名が各地に点在している。だから神仏が分離されてから、牛頭天王を祀る八坂《やさか》神社と津島《つしま》神社の祭神は、スサノヲとされるようになったのである。

全国で2300社を数える八坂神社の総本宮、〝祇園《ぎおん》〟さんこと八坂神社の夏の祭礼が、山鉾《やまほこ》巡行で知られる祇園祭である。

その勇壮さと華やかさは牛頭天王の、いやスサノヲのダイナミックさ、明るさを十分に

感じさせる。動のイメージがこの神社からは発散され、健康運をアップさせる。ちょっと気が滅入ったときなどのお参りは効果テキメンなのである。

ここには悪王子《あくおうじ》社という不気味な名を持つ摂社があるが、スサノヲの荒御魂を祀る。スサノヲ＝悪王子ということだが、パワーを全開し多少の難関を突破する力や悪行や悪い仲間との縁を断ち切るほどの強いパワーを持っている。

さて、スサノヲこと牛頭天王を祀るもうひとつの神社が、愛知県津島市にある津島神社。こちらは東海地方を中心に3000社ある津島、天王社の総本社。ここは奇跡を起こすパワーを持つ。

とくに摂末社34社の中の柏樹《かしわぎ》社のパワーは強い。ここはスサノヲの奇御霊《くしみたま》を祀る場所だ。奇御霊とは、奇跡によって幸を与えることである。実は私もここを訪れ、奇跡を目の当たりにしたが、その話はたっぷりと前作で書いた。

スサノヲ＝牛頭天王を祀る　合田道人厳選！　パワースポット神社の行き方

（八坂神社）
京都府京都市東山区祇園町北側６２５　（０７５）５６１‐６１５５
京阪祇園四条駅より徒歩約５分

（津島神社）
愛知県津島市神明町１　（０５６７）２６‐３２１６
名鉄津島駅から徒歩約15分

スサノヲパワー満載の出雲の神社

出雲に降り立ったスサノヲは、出雲でもたくさんの神社の祭神とされているが、スサノヲを祀る本宮というべきが、須佐神社である。

スサノヲは各地の開拓後にこの場所を訪れ、最後の開拓をして「この国は良い国だから自分の名を岩や木ではなく土地につけよう」と言い、須佐を命名して自らを鎮座させた。要するに、スサノヲ終焉《しゅうえん》の地でもある。社家の須佐氏は、スサノヲの子を祖としている。

さらに日御碕《ひのみさき》神社は、スサノヲとアマテラスが祭神なのだが、上の宮（神《かん》の宮）にスサノヲが祀られ、見下ろすかのようにアマテラスを祀る下の宮（日沈《ひしずみ》の宮）が建っている。

由緒には伊勢神宮が日本の昼を守るのに対し、日御碕神社は日本の夜を守る神社とされるが、考えてみればこれから登場する〝国譲り〟の影響が残っている感じを与えるスサノヲパワー抜群の神社なのである。ここではスサノヲの上の宮を拝してから、下のアマテラスの宮へと足を進めること。

ご利益があるとされる〝御神砂《おすな》〟というお守りは、普通のお守りなどを売っている場所

日御碕神社の神の宮はスサノヲを祀る

にはない。「御神砂をお願いします」と言ったときのみ出してくれるシロモノである。常に身に付けていると厄除け、諸願成就、特に病に効果を表わしてくれる。

スサノヲパワーをいただく　合田道人厳選！　パワースポット神社の行き方

（須佐神社）
島根県出雲市佐田町須佐７３０　（０８５３）８４-０６０５
出雲市街から車で約30分
（日御碕神社）
島根県出雲市大社町月御崎４５５　（０８５３）５４-５２６１
ＪＲ出雲市駅からバスで約45分

第3章

天岩戸に隠れたアマテラスを外に出す方法を探る⁉

～アマテラスと天岩戸《あまのいわと》～のあらすじ

さてスサノヲは、母イザナミがいないことを嘆いてばかりの子供だった。何もせずに泣き喚《わめ》くだけの息子に対して父イザナギは追放を決めた。

スサノヲは姉アマテラスが住む高天原に別れを告げにゆくが荒々しい動作を見たアマテラスは、弟が高天原に攻め入ったと思い込む。しかしスサノヲは清心であると、その印に身の潔白を証明する占い、誓約《うけい》を姉に申し出たのだ。

それぞれの持ち物を交換して神産みを行なったが、女神を産んだことでスサノヲは自分の勝ちと傲《おご》り、狼藉三昧《ろうぜきざんまい》をくり返す。その非道ぶりはどんどんとエスカレートし、悲しんだアマテラスは、天の岩屋の中に閉じこもってしまうのだ。

アマテラスは太陽神である。アマテラスが隠れたということは、世の中が暗闇となること。

困った神たちは岩屋の前で相談し、何とかアマテラスをこの世の中に舞い戻したのだった。

誓約《うけい》による神の誕生

イザナギは、息子のスサノヲがずっと泣き喚いているので、「なぜそんなに泣いておるのか」と訊ねた。すると「亡くなった母が恋しい。会いたい。母のいる根の国に行きたい」と駄々をこねるのである。

根の国とは死の国。つまり黄泉の国をさすことになる。しかし父は「それはならぬ」となだめるが、一向にスサノヲは泣き止まない。そのうち、とうとう父の堪忍袋の緒が切れた。イザナギはスサノヲを地上から追い出すことを決めたのである。

スサノヲは、根の国に行く前に姉のアマテラスに挨拶に出向いた。

姉神はすでに天界の高天原に居を移していた。スサノヲの泣き声は山川を鳴動させ、国土を地震のように轟《とどろ》かせた。その轟音《ごうおん》を聞いた姉は、弟がこの地まで攻撃を仕掛けてきたに違いないと考え、武装して弟を待ったのである。

しかし、スサノヲはこう言い放つ。「私は謀反《むほん》など起こしにきたのではない。母の国へ行くことになった事情を話しにきただけです」と。

だがアマテラスは信用しなかった。

そこで誓約《うけい》とよばれる、神の意志を問う占いをすることを提案したのだ。

アマテラスはスサノヲが持っていた剣を3つに折って、天《あめ》の真名井《まない》の水ですすぐとそれを細かく噛《か》み砕《くだ》き、息を吐き出した。

するとその息の霧の中から三柱の女神が生まれた。

その名を多紀理毘売命《たきりびめのみこと》（タキリ姫）、市寸島比売命《いちきしまひめのみこと》（イチキ姫）、多岐都比売命《たきつひめのみこと》（タキツ姫）という。

今度はスサノヲの番だ。アマテラスは自分の勾玉を真名井の水ですすいで弟に手渡した。スサノヲもそれを噛み砕き、息を吹き出すと今度は正勝吾勝勝速日天之忍穂耳命《まさかつあかつかちはやひあまのおしほみみのみこと》、いやいや難しい名前だが、このオシホミミはじめ5柱の男神を産んだのである。

アマテラスは自分の玉から生まれたこの男神たちを自分の子とし、スサノヲの剣から生まれた三女神《さんにょしん》を弟の子とみなした。

するとスサノヲは「自分の子が女神だったのは、私の心が潔白である証拠。誓約《うけい》は自分の勝ちである」と喜び、そのあまり調子に乗ってアマテラスが大事にしていた田んぼの畦《あぜ》をこわしたり、溝を埋めたり、神殿に入り、糞尿《ふんにょう》を撒《ま》き散らすなどやりたい放題。

ところが『日本書紀』ではこの部分が反対に書かれているのだ。

「生まれた子が女の子なら悪心を持っていた証し、男の子なら清心の証し…」と、まずスサノヲ自身が宣言してから子供を産むことになっているのだ。

同様に男女の神が生まれ、アマテラスが男神は自分の子で、女神はスサノヲの子だと判断したのだという。それではスサノヲ側が悪となるではないか。喜び勇んで乱暴したのではなく、その結果に憤慨して神殿に糞を撒き散らすなどの悪行を働いたことになる。通常で考えれば、悪心ありと悟られて怒り出したほうが通りがいいことになる。

さてこの「剣を噛む」「勾玉を噛む」とは何のたとえだろうか?

剣は武力、力ずくということになる。やはり、スサノヲはアマテラスが治める国に戦を仕掛けたのではないだろうかと思えてくる。勾玉は胎児の形である。そこでアマテラスはスサノヲの子を宿したということになりはしないか。

しかし、3人は姉弟《きょうだい》であるはず。しかしながら、スサノヲが牛頭天王はじめ渡来系の神と同一神とされていたり、弟にもかかわらずツクヨミを「悪神!」と決めつけて自分と会わないように夜を支配させたりしているのだ。夜を支配とは闇、黄泉、つまり死の国へ追いやったとも考えられる。これはイザナギの子供は実際はアマテラスだけだった。その婿候補こそが、ツクヨミとスサノヲだったと考えてみたら、また想像は膨んでこよう。私見ではあるが、アマテラスとスサノヲの子こそが三姉妹なり、五兄弟だったと考えることはできないだろうか。

どうにせよ生まれた三女神を祀っているのが、福岡にある宗像《むなかた》大社である。『古事記』ではこの三姉妹、それぞれタキリ姫は「胸形《むなかた》の奥津宮《おきつみや》」に、イチキ姫は「胸形の中津宮《なかつみや》」に、タキツ姫を辺津宮《へつみや》に祀るとある。

沖津宮は福岡県宗像市から60キロほど離れた玄界灘に浮かぶ小さな島、沖ノ島《おきしま》の社で、中津宮は10キロほど沖の筑前大島に鎮座している。そして辺津宮は九州本土にある。

3つの宮はほぼ一直線上に位置しているのだが、『日本書紀』では沖津宮（沖ノ島）のほうに市杵嶋姫《いちきしまひめ》（イチキ姫）が、反対に中津宮（大島）に田心姫《たごりひめ》（タキリ姫のこと）が祀られ、辺津宮は同じくタキツ姫だが、湍津姫《たぎつひめ》という漢字が当てられている。

ところが、さらに祭神の変更、混乱が生じたようで現在の宗像大社では、沖ノ島に『古事記』と同じく田心姫（タキリ姫）を、中津宮大島には『記紀』いずれも辺津宮の神だった湍津姫（タキツ姫）、そして本土、一般のお参りが叶う辺津宮には、『古事記』では沖ノ島、『日本書紀』では大島の神とされていた市杵嶋姫（イチキ姫）が祀られているのだ。

	古事記	日本書紀	現在の宗像大社
沖津宮	タキリ姫	イチキ姫	タキリ姫
中津宮	イチキ姫	タキリ姫	タキツ姫
辺津宮	タキツ姫	タキツ姫	イチキ姫

大島には人も住み、宗像の神湊《こうのみなと》からフェリーが一日七往復している。ここまでは船に乗り、誰でも参拝することができるのである。中津宮、そして奥宮の御岳神社とともに、沖津宮の遥拝所という場所がある。人々は遥か遠くに鎮座する沖津宮をここから遥拝するのだ。

そうなのだ。沖ノ島は島全体が御神体とされているため上陸は叶わないのである。ユネスコの世界遺産推薦候補にも選ばれているが、今なお女人禁制。いやいや、男性の上陸も基本的には許されない神秘の禁足地なのである。

普段は十日交替で神職がひとりだけ常勤している。

しかし年に一度、5月27日だけは、沖津宮現地大祭に際し神職以外の男性も、山の中腹にある沖津宮参拝を許されている。ただし、それも抽選で選ばれた200人ほどの人数だけなのである。

沖津宮の島に上陸叶う

この日は明治38（1905）年、日露戦争、日本海海戦において日本の連合艦隊がバルチック艦隊に勝利した日だ。それを記念した祭りに参加するのである。2015年5月、私はここに行くことが許されたのである。

前日に友人と大島に渡り、中津宮を参拝、港の近くの宿に泊まり、新鮮な魚に舌鼓を打った。そして翌朝、大島の港から船で沖ノ島へと向かうのだ。大島の遥拝所でさえ、テレパシーのようなものを感じていただけに、島に近づけば近づくほどにパワーが強まってゆく。玄界灘は波が荒れ狂う荒い海として知られる。しか

島でのことは決して口外してはならない神秘の島、沖ノ島

し、そのときは同乗した大島の中津宮の宮司が、「こんなに楽に玄界灘を渡れるとは思わないでくださいね」と口にしたほど、海は穏やかで凪《な》いでいたのである。

島に着くと全員が衣服、下着を脱ぎ捨て、裸になって海に入る。禊である。そして島へと足を踏み入れるのである。

島全体はまさに聖域。もちろん草一本、木一本持ち帰ることなどできない。一の鳥居をくぐったあとは、写真を撮ることもできない。

いや、そんなことなどとっくに忘れてしまうほどの神氣だった。

古代史解明のカギともいえる銅鏡、優美な指輪や馬具など、発掘で出土したもの8万点はみな国宝に定められている。数多い秘宝がどんどんと見つかり、〝海の正倉院〟とよばれている島なのだ。

鳥居をくぐり、400段ほどの階段を上ると、沖津宮が見える大きな岩が社の屋根を押すように建つ。岩の中に入ると口では言い表わせない独特なパワーが体中を駈け抜ける。

辺津宮、中津宮、沖津宮を線で結ぶと、その直線は朝鮮半島の方向に向かい、ここは古代から日本と大陸の政治、経済、文化の海上路だった。

ただただ胸おどり、体内に神を宿らせていただいたが、本土の宗像大社辺津宮をはじめ

宗像大社辺津宮の高宮祭場

て訪れたときにも、これまた異常なまでのパワーに触れたものである。本殿を拝んだ後、少し外れた階段を上ってゆくと見えてくる高宮祭場がある。

磐境《いわさか》が置かれ、神祭りの原点を見るかのような圧倒的神秘の力。ここは沖ノ島と並んで最大級の神聖な場なのだ。古代祭祀の姿を今に伝える全国でも稀《まれ》な露天祭場で、宗像大神が降臨したとされるのがここなのだ。女性ともなれば、沖津宮参拝も叶わないのだから、ぜひここに行っていただきたい。パワーの源がここに感じるのだ。

と、なれば高天原もこの場所か？　となってしまうが、宗像ははじめ胸形と記されていた。胸の思い、これは悩みでも希望でもある。自分の価値、本質という意味も持つのだ。そんなところから本当の自分に邂逅《かいこう》できる場所なのである。

広島のおなじみ安芸《あき》の宮島、厳島《いつくしま》神社も、同じく三女神を祀っている。

自分を見つめる。宗像大社への行き方　合田道人厳選！　パワースポット神社の行き方

（辺津宮）
福岡県宗像市田島２３３１　（０９４０）６２‐１３１１
若宮ＩＣから車で約25分
（中津宮）
福岡県宗像市大島１８１１　（０９４０）７２‐２００７
大島港からフェリーで約15分
（沖津宮）
男性のみ／ただし1年で1日のみ

アマテラスが岩屋に隠れた本当の理由は？

スサノヲが、三女神を産んだことでその暴れ方はますますエスカレートする。最初のうちは「困ったものだ！」と笑っていたアマテラスだったが、とうとう許されない事件が発生した。神聖なる機屋《はたや》の棟に穴を開け、そこに皮を剝《は》ぎ取った馬を落とし入れたのだ。神馬《しんめ》とよばれる、神の使いともされる馬への虐待は、神への冒瀆《ぼうとく》にも等しい行為である。

馬が急に機屋に落ちてきたのだから、機織娘が驚かぬわけがない。機織りの付属用具のひとつである梭《ひ》で女陰を突いて絶命してしまうのである。

そういえばイザナミも陰部を焼かれて死去している。神話に女性器はどうも付き物のようだ。これは解釈によっては荒々しいスサノヲが馬並みの男根で機織娘の女陰を突いたとも思われてくる。機織りは〝キリギリス〟の隠語としても使用される。キリギリス（イナゴ）は子供をたくさん産むという意味を持つことから、機織りの行為というものは、性交とイコールとされるのだ。

と、なればスサノヲが神聖なる場所で抵抗する女性に向かって力ずくで肉体関係を強制。辱《はずかし》めを受けた女性が死を選んだとも考えられなくはない。機織娘は主人であるアマテラスの男と関係し、子を身ごもってしまう。死んでお詫びをしなくてはならない。

機織娘の死をきっかけにアマテラスは弟スサノヲに怒り心頭に発し、天の岩屋に隠れてしまったことになっているが、弟が亭主（恋人）だと解すのであれば、機織娘の死から二人の関係に気づいたアマテラスは、嫉妬にかられて家出をする。またはかくれる。亡くなったとも解すことができるのだ。

天皇の死去、つまり崩御のことを〝かくれる〟〝おかくれになる〟と表現する。天岩戸《あまのいわと》に葬られたという意味だったのかもしれない。

この後、天孫降臨のとき、アマテラスは高天原からは降りない。これは降りることができない。つまり、この時点で亡くなったという見方もできないわけではない。

ただ〝天岩戸〟の隠語は、またもや女陰のことをさす。では天岩戸に身を隠す、女陰に隠れるとはどんな意味だというのか。

考えられるのはアマテラスのご懐妊なのである。

だが、アマテラスが太陽の神、日の神であることには違いはない。その大神が、どんな理由があったにせよ岩戸に潜んでしまったのだから、世の中が真っ暗闇になってしまった。闇の世界である。

　さすれば、明るく楽しい、人々に笑いや喜び、勇気や希望を与えたアマテラスという名の女人の不在が、世の中から笑いを消したともいえそうだ。悲しみに打ちひしがれるようになった、心も真っ暗になったと考えても差し支えないだろう。

　さてどうやって、明るさを取り戻すのか？

　そこで八百万《やおよろず》の神たちが一堂に天安河原《あまのやすかわら》に集まり相談し始めたのである。

　天岩戸はここ！　といわれている場所は全国にいくつも数えることができる。

　京都福知山の元伊勢、皇大神社の奥宮や奈良県橿原《かしはら》の天岩戸《あまのいわと》神社、伊勢の二見興玉神社にも天の岩屋があるし、徳島県美馬郡の天岩戸神社神域にも残るが、三重県志摩市の恵《え》利原《りはら》の穴水も圧倒的パワーを放っている。私はそこで狼か熊に後ろから見られている感覚に襲われた。狼は大神、熊も神という意味だとあとで知り、身震いした。

　そんな中で最も全国的に知られている天岩戸となれば、宮崎県高千穂町にある天岩戸神社ということになるだろう。

　近くには岩戸川が流れ、その川を挟んで東西のほとりにふたつの社殿がある。

　観光客でにぎわっている西本宮の鳥居の前には、美しいアマテラスの像が建つ。

本宮はなく拝殿だけがあるのだが、拝殿の後ろ側にある天岩戸が御神体とされ、社務所に申し込みさえすれば、天岩戸を実際に見せていただける。

神職にお祓いをしていただき、拝殿の右側にある鍵のかかった戸を開け、中に案内されると、そこから川岸の中腹に天岩戸を遥拝できるのである。ここの祭神は大日孁尊《おおひるめのみこと》、もちろんアマテラスのことである。

西本宮の鳥居の前にあるアマテラスの像

高千穂を訪れるたびに何度も、天岩戸を見せていただいているが、もちろん写真撮影などできないから、いつもしっかりと目に焼きつかせている。

西本宮を出ると、すぐに天安河原入口の看板が見えてくる。安河原は、スサノヲが誓約したとされる場所でもあり、岩戸からアマテラスを出すために八百万の神が集まって相談した場所ともされる。川沿いに歩いて北へ10分ほど。

途中に架かる橋からも強い氣を感じさせたが、突然、仰慕窟《ぎょうぼがいわや》とよばれる幅30メートルほどの大きな洞窟が、まるで大きく口を開けたように目に入って来たときの氣の強さは、ただ事ではない。

ここもまた何度訪れても、思わず「わ〜っ」と叫んでしまう神秘的オーラに感動がみなぎる。まるで異界への入口ともいうべきだろう。太陽が降り注ぐ日中に訪ねても、そこに漂う薄暗いパワーは、神たちがここに集結して相談したことを実感させてくれるのである。

八百万の神たちは、どうやってアマテラスを岩戸から引き出そうかと考えた。

神々の中でも一番の知恵者といわれる思金神《おもいかねのかみ》（オモイカネ）は、まず長鳴き鳥をたくさん集めて鳴かせ、朝の到来を告げさせた。

天安河原の入り口

そのとき鳥が止まったところから、神社の〝鳥居〟という名がつけられたともされる。鳥が居た所ということだ。

仰慕窟《ぎょうぼがいわや》の中にも鳥居がある。

そこがオモイカネを主神とする天安河原《あまのやすかわら》宮《ぐう》だ。困ったときの解決法を授けてくれたり、八百万の神が集まるところから、どんな望みも聞き入れてくれるという諸願成就、開運の神社ともされる。

だがそれにしても、このおごそかさと神々しさ、なんとも言えぬ懐かしさは何だろう？

ここもその形状から女陰とイコールとされていたのだ。

生命を産み出す神秘の洞窟そのものが、懐かしさを感じさせるのだ。ここまでくると

八百万神が集まって相談した天安河原の中

母、女性の偉大さが、しっかりと神話に見え隠れしていることに気づく。

それは異界との通路であり暗闇から明るい世界への道だ。そして何よりこれから始まる未来へのスタートなのだ。すべての鍵は女性、女陰にあるということなのである。

そしてアマテラスをこの世に舞い戻すきっかけを作るのも、実は女陰なのである。

鏡と玉と祝詞をあげて

オモイカネは鳥を鳴かせてから、伊斯許理度売命《いしこりどめのみこと》（イシコリドメ）に八咫鏡《やたのかがみ》を作らせた。イシコリドメは、石の鋳型を用いて鏡を鋳造する老女という意味で「石凝姥命」とも表わす。神と称えられる技術を持つ鏡作りの老婆であったのだろう。

そんなところから、鋳物《いもの》の神、金属加工の神として仰がれ、奈良県磯城《しき》にある鏡作坐《かがみつくりいます》天照《あまてる》御《み》魂神社《たまじんじゃ》や大阪天王寺にある生國魂《いくにたま》神社境内にある末社の鞴《ふいご》神社などに祭神として祀られている。

金属加工の神、大阪の生國魂神社内にある鞴神社

さらに玉祖命《たまのおやのみこと》（タマノオヤ）には八《や》尺勾玉《さかのまがたま》作りを命じた。ここから勾玉作りの祖とされる人物像が浮かび上がる。

その名もズバリの玉祖《たまのおや》神社が山口県防《ほう》府《ふ》市に、石作《いしつくり》神社、玉作《たまつくり》神社が滋賀県の長浜市に建ち祭神とされている。

さてオモイカネは、賢木（さかき＝榊）に作らせた鏡と玉、木綿《ゆう》と幣《ぬさ》（＝麻布）を取りつけて、それを布刀玉命《ふとだまのみこと》（フトダマ）に持たせ、天児屋命《あめのこやねのみこと》（アメノコヤネ）に祝詞《のりと》を奏上させたのである。

江戸時代の国学者、平田篤胤《ひらたあつたね》によれば、オモイカネとアメノコヤネは同一神であるとしているが、アメノコヤネ、フトダマは共に後々、朝廷祭祀に従事する中臣氏、忌部氏《いんべうじ》の祖といわれている。『古事記』のこのシーンでも、二人は鹿の肩胛骨《けんこうこつ》を焼いてできたひび割れによって吉凶を占う鹿卜《ろくぼく》によって、布刀詔戸言《ふとのりとごと》をあげている。

アメノコヤネは奈良の春日《かすが》大社や東大阪の枚岡《ひらおか》神社に祀られ、フトダマは奈良県橿原市の太玉命神社、また徳島県鳴門の大麻比古《おおあさひこ》神社などに祀られる。

大麻比古（オオアサヒコ）こそがフトダマとされ、ここの神社は新たなことを始めようとするとき、それは就職、転職、入学、転校、結婚や離婚なども含め、すべてのスタート地点における勇気と決断、そしてその結果を引き出すという力を持っている。

オモイカネを訪ねる　合田道人厳選！　パワースポット神社の行き方

（天安河原宮）
宮崎県西臼杵郡高千穂町岩戸　（0982）74-8239（天岩戸神社）
天岩戸神社から徒歩約10分

（生國魂神社・鞴神社）
大阪府大阪市天王寺区生玉町13-9　（06）6771-0002
地下鉄「谷町九丁目駅」より徒歩約4分

（玉祖神社）
山口県防府市大崎1690　（0835）21・3915
JR防府駅より車で約15分
（枚岡神社）
大阪府大阪市出雲井町7・16　（072）981・4177
近鉄枚岡駅下車すぐ
（大麻比古神社）
徳島県鳴門大麻町板東字広塚13　（088）689・1212
JR板東駅より徒歩約15分

ストリップショーが日本を明るくした

祝詞奏上とともに登場したのが、天宇受売命《あめのうずめのみこと》（ウズメ）である。

ウズメは岩屋の前で、伏せた桶《おけ》の上に飛び乗ったかと思うや、足を踏み鳴らして拍子をとって踊り出した。神がかりな舞はエスカレートし、ウズメは乳房をはだけ、さらには腰をあらわに踊り出したのである。そうだ。ここで女陰がまたもや出てくる。まるっきりストリップショーの開幕である。

現在もアメノウズメは芸能、俳優《わざおぎ》の祖神として祀られているが、それはふたたび明るい日の世界を再現させるために歌い踊った女性だからである。

高千穂町の天岩戸神社東本宮の本殿への階段の横にはウズメの像も立つ。西本宮境内にあるご神木のおがたまの木は、その枝を手にしてウズメは踊ったといわれるもの。秋には実が生《な》るが、それが神楽鈴の起源だと伝わっている。

おがたまの枝を持ちながら、ウズメはセクシーダンスを披露したということになる。

世にも楽しい踊りに、八百万の神たちは笑い転げてやんやの大喝采。一気に盛り上がった。ところが、その神々の歓喜の声を聞いて不審がったのが、当のアマテラスである。

「なぜに明るさの象徴である私が、ここに隠れているというのに、外はあんなにも賑やかなのであろう」と岩戸をそろりそろりと少しだけ開いて外を覗《のぞ》いた。

すかさずアメノコヤネとフトダマは鏡を差し出しながら、「あなた様より尊い神がおい

ウズメの像

でくださったので、みんな喜んで笑っているのです」と言う。

鏡に映っているのはアマテラス自身なのだが、鏡などというものは、それまではなかった。自分の顔を見て新たな人気女性の出現にアマテラスは焦り驚いた。

そしてもっと見ようとぐっと身を乗り出したときである。

間髪入れず力持ちの天手力男命《あめのたぢからおのみこと》（タヂカラヲ）が、アマテラスの手をグイと引っ張ったのである。フトダマは同時に、その入口に注連縄《しめなわ》を張り、二度とそこに入ることができぬようにした。こうしてアマテラスがふたたびこの世に訪れたことで、高天原も葦原中国も明るさを取り戻したのであった。

ウズメはアマテラスを暗闇から救い出し、さらに後々、天孫降臨の場面にも登場する。

こちらも踊りで心を満たすという役どころである。その縁でサルタヒコと結ばれる。

そんなこともあって三重県伊勢市の猿田彦神社の境内内《けいだいない》の佐瑠女《さるめ》神社、鈴鹿市の椿大《つばきおお》神社《かみやしろ》の摂社、別宮・椿岸神社、高千穂の荒立《あらたて》神社などに夫婦揃って祀られている。

しかし単一で祀る神社は案外と数少ない。長野県の北安曇野にある鈿女《うずめ》神社ぐらいであろうか。

芸能関係の人々がよく訪れる、その名も芸能神社も京都の車折《くるまざき》神社の境内社にある。

サルタヒコとの結婚から幸せの神様、縁結びの神といったものが多いが、実際は神楽芸能の祖として芸能、芸事の発展上達の守り神として祀られている。


アメノウズメは芸能の神であり縁結びの神　合田道人厳選！　パワースポット神社の行き方

（佐瑠女神社）
三重県伊勢市宇治蒲田2-1-10　（0596）22-2554
JR伊勢市駅より三重交通バス「猿田彦神社前」下車

（別宮・椿岸神社）
三重県鈴鹿市山本町１８７１　（０５９）３７１・１５１５
近鉄四日市駅より三重交通バス「椿大神社行き」約1時間
（荒立神社）
宮崎県西臼杵郡高千穂町三田井６６７　（０９８２）７２・２３６８
高千穂バスセンターから車で約５分
（鈿女神社）
長野県北安曇郡松川村字大仙寺６６９５・１
ＪＲ北細野駅から徒歩約７分
（芸能神社）
京都府京都市右京区嵯峨朝日町23　（０７５）８６１・００３９
京福電車「車折神社駅」下車すぐ

開けた扉はどこに？

そしてアマテラスの手を取って外に引き出したタヂカラヲ。

『日本書紀』の一書には、岩戸の扉を開けたとあるが、高千穂町の天岩戸神社のタヂカラヲは戸を軽々と持ち上げている。

そしてその戸を遠く投げ飛ばした。その戸がどこまで投げ飛ばされたか？

『記紀』にはそれを結びつける場所は記されていないが、長野県の戸隠山《とがくし》がそうだという。

中世の時代からタヂカラヲが天岩戸をここに隠したからこそ、〝戸隠〟だというのだ。そこに鎮座するのが戸隠神社なのである。

タヂカラヲが祀られているのが奥社《おくしゃ》。さらにオモイカネを祀る中社《ちゅうしゃ》とオモイカネの

天の岩戸を持ち上げるタヂカラヲの像

子、天表春命《あめのうわはるのみこと》（ウワハル）の宝光社《ほうこうしゃ》で戸隠三社という。

そこに加え、地元神の九頭龍大神《くずりゅう》を祀った九頭龍社、ウズメが祭神である火之御子社《ひのみこしゃ》を加えた五社を総じ、戸隠神社という。

奥社は参道から歩いて2キロ、約30分ほど歩くが、途中の随神門《ずいしんもん》からは杉並木が立ち並び、その空氣は一変する。山岳信仰の神仏混淆の色合いが濃く、戸隠山のふもと、岩壁に建つ奥社までの石段も風情と神氣を感じさせてくれる。

タヂカラヲの神力は、それがその人にとって、また世間にとって最良の結果をもたらす場合、たとえそれが少々手荒な手口であったとしても行なわせるという力を持つ。まさに導き、正しい道への歩みの手口を授ける力である。これぞ正義の力を与えてくれるのだ。

まさにそれは暗い世に光を取り戻す、重い扉をこじ開けた真実の力だといえる。

真実の力を教えてくれるタヂカラヲを祀る　合田道人厳選！　パワースポット神社の行き方

〈戸隠神社〉

長野県長野市戸隠3506　（026）254-2001

長野駅より川中島バス「バードライン経由戸隠高原行き」約1時間

第4章

ヤマタノオロチの正体は!?

～スサノヲ神話、ヤマタノオロチ～のあらすじ

ふたたび明るさを取り戻した日本国だったが、アマテラスを天岩戸に引きこもらせた原因を作ったスサノヲは、罰せられることになった。髭《ひげ》と手足の爪を抜かれ、高天原から下界に追放されたのだ。スサノヲは、出雲国の肥河《ひのかわ》の河上にある鳥髪《とりかみ》に天降《あまくだ》る。

しかし、そこで老夫婦がひとりの美しい娘を間にはさみながら、泣いていた。

「どうしたのだ？」と、スサノヲが事情《わけ》を問うと、夫婦には八人の娘がいたが、毎年この季節になると、高志《こし》の八俣《やまた》の大蛇《おろち》（ヤマタノオロチ）がやってきて、娘をひとりずつさらってゆく。今年はこの娘の番だと言う。

ヤマタノオロチは、八つの頭と尾を持つ巨大で邪悪な怪物のことである。

スサノヲは、オロチ退治の暁《あかつき》には、娘を嫁にもらうという条件を父母に出して、勇敢にオロチ退治に乗り出す。そしてとうとうオロチがやってきた。

食の神を殺す!?

悪行を働いたとしてスサノヲは、違う地へと追放された。アマテラスを傷つけた罰だ。

これは九州から遠く出雲へと流れていったという意味になるだろう。そこは母が眠る場所だ。母に会いたかったからこそずっと泣いていたとされているのだから、出雲を目指したということなのだろう。

先にも書いたが、この時点でスサノヲは一度新羅に降りたが、「ここはあまり気に入らない」と、出雲へ天降ったと『日本書紀』の記述にある。これは一度里帰りをしたが、快《こころよ》く迎え入れてもらえなかったとしてもいいだろう。新羅から埴土《はにつち》の舟にたくさんの種子を積んで出雲に着いたとされる。一方、九州にある高天原から出雲へ向かったとすれば…。

食べるものもなく腹が減るばかりのスサノヲの前にオオゲツ姫が現われる。食物の神だ。しかし、その姫神は鼻や口や尻から食べ物を出すのだ。さすがに腹ペコのスサノヲも、それは汚らわしい行為だと怒り、女神を斬り殺してしまう。

『日本書紀』ではスサノヲの兄、ツクヨミが殺したことになっているが、体を斬られた瞬間、オオゲツの体からは、いろいろなものが飛び出してきた。

頭から蚕が生まれ、目からは稲の種、耳から粟、鼻から小豆、尻から大豆、そしてまたも出ました…女陰からは麦。それがその後、五穀の種となり、日本を豊かな道へ誘《いざな》うということである。これは表現こそ違え、新羅から舟で穀物を運んだと同じことになる。

オオゲツは阿波の国名を示すから、スサノヲが空腹に耐えきれず、農婦でも襲って食べ物を奪ったということになるかもしれない。そして何とか出雲国の肥河の上流、鳥髪までスサノヲはやってきたのだ。肥河とは、今でいう斐伊《ひい》川のことである。

現在も斐伊川の上流に大呂《おおろ》という所があり、ここは元、鳥上村とよばれていた。奥出雲といわれる斐伊川上流の砂鉄のとれる地域である。さらにそこを遡《さかのぼ》れば、船通山《せんつう》（鳥上山、鳥髪山）。『出雲国風土記』では、ここここそが大鳥山、スサノヲが降り立った地としているのである。いにしえの里というにぴったりの、時間が止まったような風景が息づいている。

クシナダ姫が櫛に変身する！

ここに到着したスサノヲだが、川に箸《はし》が流れているのを見つける。そして、「きっと川上に人が住んでいる」と確信するのだ。訪ねてみると老夫婦と娘が泣いていた。名を訊ねると「私は国つ神、大山津見《おおやまつみ》（オオヤマツミ）の子で足名椎命《あしなづちのみこと》（アシナヅチ）、妻の手名椎命《てなづちのみこと》（テナヅチ）、娘は櫛名田比売《くしなだひめ》（クシナダ姫）と申します」と答え、「この土地には胴体ひとつで頭が八つ、尻尾も八つあり、ほおずきのように赤い目をし、背には杉やヒノキが生い茂り、その腹はいつも真っ赤な血にただれている高志《こし》に住むヤマタノオロチが住んでおります。そのオロチがやって来る季節がもうすぐです」と言うのだ。

毎年現われては娘を一人ずつ食い殺し、とうとう今度は八番目のこの娘を襲いに来るというのだ。スサノヲはそれを聞き、オロチを退治した暁には姫を嫁にもらうことを約して老夫婦にこう命じるのだ。

「八塩折《やしおおり》の酒を作るのだ！」

八塩折の酒とは、8回も発酵を重ねた強い酒をさす。そして八つの門がある垣根を作らせ、さらに門ごとに八つの桟敷《さじき》を造って、桟敷ごとに八つの槽に酒を満たさせた。スサノヲはクシナダ姫を櫛に変身させ自分の髪にさすと、とうとうヤマタノオロチが襲来してきたのだった。

オロチは門を突き破り、酒に気づくと頭を突っ込んでごくごくと飲み干し、そのまま酔いつぶれてしまった。ここぞとばかり、スサノヲは十拳剣《とつかのつるぎ》を取り出すと、大蛇の頭をひとつずつ切り落とした。流れる血は大地を這《は》い、肥河の流れを赤く染めた。

大蛇の尾を切ったとき、剣の刃が欠けたのを見てスサノヲは不思議に思った。尾を割《さ》くとそこには立派な太刀があった。スサノヲはこの太刀をみごとだと思い、高天原のアマテラスに献上したとされる。これが三種の神器のひとつ、草薙剣《くさなぎのつるぎ》とされるのだが、この一般的な呼び名は『日本書紀』に記される名で、『古事記』では「草那芸之大刀《くさなぎのつるぎ》」「草那芸《くさなぎの》剣《つるぎ》」と表記されている。

船通山の山頂に「天叢雲剣《あめのむらくものつるぎ》出顕之地」という碑があり、その名前でもよばれている。さらにこの剣を御神体としているのが、名古屋の熱田神宮だがここでは、草薙神剣《くさなぎのみつるぎ》とされる。

ヤマタノオロチ伝承が息づく神社

クシナダ姫の両親、アシナヅチとテナヅチの御神陵があるのが、出雲湯村温泉の守り神として建つ温泉《おんせん》神社。

ここからほど近い万歳山《ばんざいさん》が、夫妻の住んでいた場所とされ、その中腹には両親を祀る二《ふた》神岩《ごいわ》があるという。しかし山崩れで参詣できなくなり、オロチ退治ゆかりの地であり、斐伊川が万歳山にぶつかる場所にある「天《あま》が淵《ふち》」の上に玉垣を作り拝神していた。しかし国道改修に伴い、神陵が温泉神社の境内に移されたのだ。

クシナダ姫の両親が眠る温泉神社

八本杉の下には八つのオロチの頭が…

さらにここもヤマタノオロチ退治の舞台と伝わる斐伊神社。

社殿の西、約100メートルの地に八本杉という場所がある。説明書きには「この八本杉は、八つの蛇頭をこの地に埋めて、スサノヲが八本の杉を植えた」とある。

しかしこの杉は、斐伊川の氾濫により何度も流失、そのたびに補植されてきた。現在の杉は明治6（1873）年に植えられたものだ。

なお関東を中心に数多く建てられている氷川《ひかわ》神社だが、さいたま市にある武蔵国一宮・氷川神社は、実はこの斐伊神社からの分霊であると伝わる。

ヤマタノオロチ伝承が息づく　合田道人厳選！　パワースポット神社の行き方

（クシナダヒメの父母が眠る　温泉神社）

島根県雲南市木次町湯村1060　（0854）40-1054

JR木次線木次駅より徒歩約1時間　（雲南市商工観光）
（オロチの頭が埋められている　斐伊神社）
島根県雲南市木次町里方字宮崎463　（0854）42-0368
JR木次線木次駅より徒歩約15分
（草薙剣が納まる　熱田神宮）
名古屋市熱田区神宮1-1-1　（052）671-4151
名鉄神宮前駅下車徒歩約3分

解明!!　オロチの正体は？

ヤマタノオロチは大蛇というから、どうしてもこれも作り話に感じてしまうが、こんな解釈に飛躍させれば、この話は、やけに現実味がおびてきやしないか。

この話の舞台となった奥出雲町は、今もなお古来の製鉄技法〝たたら〟の火が赤々と燃える。〝たたら〟といえば、思い出すのはジブリのアニメ映画「もののけ姫」。あの映画は屋久島や白神山地、そして奥出雲地方をモデルにしているといわれている。日本人と鉄の出会いは縄文時代末から弥生時代はじめとされるが、これも大陸からもたらされたものとされる。

たたら製鉄には大量の砂鉄と木炭を必要とする。この両方が豊富だったのが奥出雲地方なのだ。そこで古代から製鉄業が営まれていたという。今でこそ砂鉄は磁石で採鉱されるが、砂鉄を含む花崗岩《かこうがん》を水で流して崩す〝鉄穴《かんな》流し〟という方法は、つい最近、昭和の終わりごろまで実際に行なわれていた。その廃砂は斐伊川に流されていた。それはまるで血の色のように真っ赤だった。

ん？　これはヤマタノオロチの正体に関係しているのじゃないか？

斐伊川は昔からたびたび氾濫を起こす川として有名だった。

船通山に源を発し大馬木《おおまき》川、阿井《あい》川、久野《くの》川、三刀屋《みとや》川、赤《あか》川等の支川を合わせながら北流。出雲平野でその流れを東に転じ宍道湖《しんじこ》、大橋川、中海《なかうみ》へ流れ込み日本海へと注ぐ。

しかし、たたらの砂により全国有数の砂河川となり、堆積《たいせき》した土砂により天井川となることで、たびたび洪水による氾濫をくり返したのである。人々に多くの試練と苦難を与え

奥出雲のオロチ像

てきた川だ。

胴体ひとつで頭が八つ、尻尾も八つあり、ほおずきのように赤い目をし、背には杉やヒノキが生い茂り、その腹はいつも真っ赤な血にただれている。

高志《こし》に住むヤマタノオロチとは、砂鉄で真っ赤になった斐伊川の濁流のことではないのだろうか。それは杉やヒノキの大木すらなぎ倒し、ゴーッとまるでうめき声のような音を発しながら押し寄せてくる。たまった砂で逆流し氾濫をくり返す中で、人々はただ泣き叫ぶしかなかった。ヤマタノオロチの正体は、斐伊川の氾濫だった。

最初、私は高志に住むということから、たたら製鉄の技術を奪おうとした出雲にほど近い、越後や越前からやってくる軍のことではないかと推測した。〝高志〟を〝越〟と考えたのだ。ところが、越は今でいう福井県。先日、ここを訪ねたが、福井は大陸、とくに百済《くだら》との関係が密接だったのである。和紙とされる製紙技術も福井から興り、〝紙祖神〟として岡太《おかもと》神社がある。

さらにたたらを生業《なりわい》としていた一族の中に、実は高志族という部族がおり、さらにオロチ族という部族もいた。

梅雨や台風のシーズンが来て水は勢いを増し、川は濁流と化す。人々は「どうかこの洪水よ、鎮まってくれ」と泣きながら、神に祈りを捧げる。当然、水の勢いを鎮めるものとして供え物が差し出される。生贄《いけにえ》だ。荒ぶる水の神への供え物こそが、クシナダ姫だったのではなかろうか。

たたら族は川の水を鉄砂で血のように染め、その川の流れを砂で堰《せ》き止め、さらに木を伐採して炭を作ることに対する神の怒りの表われが、川の氾濫だと信じていた。せめてもの見返りとして、生贄《いけにえ》ぐらい差し出さなくてはならない。自然を壊して鉄を作る人間と、自然界の神の戦いが、そういえば「もののけ姫」のストーリーにも描かれていたではないか。

しかしこの場に現われたスサノヲは、生贄などは無駄なことであると諭すのだ。無意味であると…。たたらの人々は、もし生贄を止めれば製鉄ができなくなってしまうのではと思い抵抗する。そこで戦いが始まったのかもしれない。

姫を櫛に変身させる部分があるが、〝くし〟は〝神奇《くし》〟に通じ、霊妙なという意味がある。つまり神の力によって奇跡を起こさせ氾濫を鎮める。スサノヲは治水、土木技術を編み出した功労者だったのではないのだろうか。

スサノヲは老夫婦に、八つの門のある垣根を造れ、さらに門ごとに桟敷《さじき》を造るようにと命じている。門、垣根、桟敷。桟敷とは神事の際に一段高く床を張った台のことでもある。

と、なるならこの指令の意味は、スサノヲが洪水から人々を救う治水工事に精を出していたと考えられるのである。つまり治水工事や土木工事の教示ではないのかということだ。

洪水が起きると、水は大きな蛇のようにうねり押し寄せてくる。そこで門や垣根、桟敷で段階的に衝撃を与え、水の力をだんだんと抑えてゆく。これは一種の防波堤のような働きである。

さらに洪水のたびに変化する流路を、土砂を活用して堤防を築き、人工的に川を作りながら氾濫を防ぐことを教えた。その後、土砂を活用することで宍道湖を干拓し、新田開発を進めてゆくことになるのである。

治水の技術を人々に教示したのがスサノヲであれば、洪水から少しずつでも解き放たれるではないか。生贄がなくても、それが許されるとなれば、〝たたらの親分〟の座を渡すことも不思議ではない。赤い血のような鉄の砂の王。

どうだろうか？　朱砂王と書いて〝スサノヲ〟と読むのは？

池に浮かぶ半紙の縁占

乱暴者として追放されたスサノヲが、この時点で急に人間的に成長して書かれているが、これこそがヤマタノオロチの正体ではないかという考えもある。

人生は七転び八起き。八つの苦難を通り抜け、その心の葛藤《かっとう》に打ち勝つことでスサノヲ

半紙を浮かべて占う八重垣神社の池

は男の大人として認められるようになった。オロチを退治したということは、苦しみから逃げ出さない、投げ出さないという子供から大人への心理的成長が描かれているのだろう。その結果が、嫁娶《よめと》りだったのだ。

クシナダ姫を祀るのが島根県松江市佐草にある出雲一の縁結びの神社といわれる八重垣《やえがき》神社。女子たちに特に人気のパワースポットとしても有名だが、そこの佐久佐女《さくさめ》の森の大杉に八重垣を造って姫を隠したという話が残る。

姫が隠れていたとき、日々の飲料水とし、また姿を映したという姿見の池、鏡の池が縁結びや願い事の成就を占う場所としてにぎわっているのだ。池に半紙を浮かべると、お告げの文字が浮かんでくる。

半紙が遠くのほうへ流れていけば、遠くにいる人、今思っている人ではない、まだ見ぬ縁を持つ人との出会いがあり、近くに沈んだ場合は、今好きな人と結ばれる。また自分が気づいていないが、近くに存在する人と縁があるとされる。

恋人だけではなく仕事や人生、健康も同じように占ってくれる。半紙に浮かぶ文字が、「良縁あり」とされる場合も、結婚だけではなく仕事の能力を発揮させてくれる人との出会いや、健康も今通っている病院ではなく、違う医者との「良縁」を考えることができる。なお池に半紙を沈ませる前に拝まなくてはいけない神社や、のせる硬貨のことなどは詳しく既刊の『神社の謎』の2冊に書いてあるので、参考にしてほしい。

二人が住んだ日本初之宮

八重垣神社ともう一箇所、スサノヲとクシナダ姫の新居とされる社が須我神社。

これは八重垣神社に住んだあと、新しい居を探し、「ここに来て我が心はすがすがしくなった」と言ったことから「すがすがし」が須我となり、「日本初之宮」とうたう。

ここの祭神はスサノヲとクシナダ姫に清之《すがの》湯山主《ゆやまぬし》三名狭漏彦《みなさろひこ》八島野神《やしまのかみ》という神も祀っている。この神は、二人の子供である。この場所で生まれたのだろう。

そんなことからここは縁結びだけではなく、子宝に恵まれる、出産、安産の神としても尊ばれてきた。また男性にとって嫁を持ち子を持つことで、男の責任感を芽生えさせ、出世運が向上する。

それらを確実にするためには、ここから約2キロの八雲山山腹にある神社奥宮を訪ねることだ。そそり立つ大きな岩は父、中ぐらいの岩は母、小さな岩を子と見立てた古代にお

日本初之宮とされる須我神社の碑と筆者

八雲山の看板

奥宮の大岩に祈る

ける須我神社の祭祀の地である。そこから発せられるそれぞれ三つの異なったパワーをいただこう。

さらに須我神社は、出雲の名前の由来の場所でもある。

スサノヲはこの宮で『八雲立つ　出雲八重垣　妻籠《つまご》みに　八重垣作る　その八重垣を』という歌を詠んだ。これが和歌の発祥地とされるゆえんであり、またこの和歌こそが出雲国の名の起源とされるわけである。

クシナダ姫にゆえんがある　合田道人厳選！　パワースポット神社の行き方

（八重垣神社）
島根県松江市佐草町２２７　（０８５２）２１-１１４８
ＪＲ松江駅よりバス約25分

（日本初之宮・須我神社）
島根県雲南市大東町須賀２６０　（０８５４）４３-２９０６
出雲大東駅から松江行きバス、「須賀」で下車徒歩約３分

第5章

出雲の神様、オオクニヌシがとうとう登場!?

～いなばの白うさぎ～のあらすじ

スサノヲとクシナダ姫は、めでたく夫婦となり子を生《な》すが、その六世の孫こそが、大國《おおくに》主命《ぬしのみこと》、オオクニなのである。

オオクニには八十神《やそがみ》といわれるほどたくさんの異母兄弟がいた。兄弟たちは稲羽《いなば》（因幡）の八上比売《やがみひめ》（ヤガミ姫）に求婚するため旅に出たが、途中、氣多《けた》の岬で毛皮を剝《は》がれた赤裸のうさぎに会う。

八十神たちがうさぎを騙《だま》して傷が悪化していたのだ。それをオオクニは救って元通りに治してあげるのだ。これが昔話としておなじみの「いなばの白うさぎ」である。姫はそんなオオクニと結婚を決めたが、兄たちは怒り、オオクニ殺害を企てる。執拗な殺人計画から逃れるため、オオクニはスサノヲが住む国に向かう。

そこでスサノヲの娘と恋に落ちるのだが、娘婿としてふさわしいかどうかスサノヲは過酷な試練を与えるのだ。それを乗り越えてオオクニはまさに大國主《おおくにぬし》へと羽ばたいてゆく。

白兎《はくと》神社は医療の発祥地！

スサノヲの六代あとに誕生したとされるオオクニだが、当時、つまり若い時期の名前を大穴牟遅神《おおなむぢのかみ》（オオナムヂ）といった。さらに葦原色許男神《あしはらしこおのかみ》（シコオ）、八千矛神《やちほこのかみ》（ヤチホコ）、宇都志國玉神《うつしくにたまのかみ》（ウツシ）などなど多数の名を持つ。

これは最終的に大國主《おおくにぬし》とよばれ尊ばれる男が、広い地域、それも長い時期、日本国のリーダーとして君臨したという証明だといえよう。たとえば〝総理〟とか〝社長〟といった呼び名と同じだと思われるのだ。ひょっとすると、亡くなった後につけられる戒名や諡名《おくりな》のようなものかもしれない。しかし、総理にだって社長にだって、一般的な姓も名前もある。

さらに織田信長《のぶなが》や豊臣秀吉、徳川家康など武士とよばれる人たちも幼名というものが存在し、出世のたびに名を改めたりしていることは多い。と、なればオオクニをほかの名前で呼ぶことも、さほど不思議ではない。

最後には大黒さまともリンクして「いなばの白うさぎ」の中にも登場するが、ここでは

出雲大社にあるオオクニの像

大怪我を負って苦しんでいるうさぎを治療する医学者としても活躍する。

そんな心優しき、庶民のために生きたオオクニ、オオナムヂには八十神《やそがみ》が存在した。

80人という人数ではなくたくさんの、何人ものという意味になるだろうが、そんな多数の兄弟がいた。ところがその兄弟たちは、みなそろって意地が悪かったのである。

そんなある日、因幡の国のヤガミ姫に求婚しようと出かけたが、重い旅の荷物を運ぶのは、オオナムヂの役目だった。これが、唱歌「大黒さま」の、♪大きな袋を肩にかけ…のシーンである。

その最後尾を大きな荷物を背負《しょ》いながら、オオナムヂは追っていた。

氣多岬《けたみさき》に差し掛かったとき、毛を剝《む》かれて丸裸になったうさぎが倒れていた。うさぎは淤岐《おき》の島に住んでいたが、陸に渡りたいと考え、騙してワニを呼び寄せて、「ワニの数を数えてやるから」と海に並べさせた。その背中をピョンピョンと跳ねて、陸へたどり着く間際、あと一息。そのとき口からポロッと「やった、ワニを騙して渡ることができたぞ」と言ってしまった。

聞き逃さなかった最後のワニが、うさぎめがけてガブリ。命からがら逃げ出したものの、毛を剝かれ瀕死《ひんし》の状態になった。

ワニとは今でもこの近海に姿を現わす、サメのことをさしているというのだが、それがたとえサメであってもズラリと並べて、その上を飛びながら渡るのはおかしな話。

これは後々謎を解くとして、瀕死のうさぎのもとを、まずは意地悪兄さんたちが通りかかるのである。海の塩水に浸かり風にあたり山で寝ていると、じきにその傷は治ると吹き込まれた。しかし、そのとおりにしていると傷はどんどんと悪化していったのだ。

大きな袋をかついでいたため、オオナムヂがやってきたのはしばらくしてからのこと。「痛いよ～」と泣き叫ぶうさぎを見て、オオナムヂは「傷口を真水で洗い、蒲《がま》の穂の花粉にくるまって寝転がりなさい」と教えた。

うさぎがそのとおりにすると、たちまち傷は治ったのである。そして「ヤガミ姫は兄ではなく、オオナムヂと結ばれることになるでしょう」と予言めいた言葉を発したのだった。

鳥取県気高《けたか》郡気高町は、うさぎが助けられた場所の伝承地とされている。この海岸を白《はく》兎《と》海岸とよぶ。その海岸沿いを走る国道9号線のバス停には、白うさぎの可愛い像と小学唱歌「大黒さま」の楽譜碑が建っている。

バス停の名前は、白兎《はくと》神社前。救われたうさぎが神とされ、縁結びの御利益と皮膚病治癒に効果ありとされる。

ここが日本医療の発祥地とされることもあってか、古来より皮膚の病気だけではなく病

白うさぎが体を洗った御身洗池

唱歌「大黒さま」の碑。大黒とも大国ともされる。

気快癒《かいゆ》を期待しての崇拝者が多い。

本殿へと登る石段の道すがらには御身洗池《みたらしのいけ》がある。

赤くただれた皮膚を洗った池だとされ、近くには治療薬として使われた蒲の穂も生育する。本殿で拝したあと、その池に向かって一心に病気治癒を願う。さらにうさぎが回復後に、予言めいた発言をしているところから、ここを参るだけで予言や直感力を養うパワーを持つようになるともされる。

白うさぎが祭神　合田道人厳選！　パワースポット神社の行き方

（白兎神社）

鳥取県鳥取市白兎宮腰603　（0857）26-0756（鳥取市観光コンベンション協会）

JR鳥取駅より日ノ丸バス青谷・鹿野温泉方面行き35分、「白兎神社」下車すぐ

赤い猪が下りてきた場所

さて、うさぎの予言は大当たり！　ヤガミ姫はオオナムヂことオオクニと結婚したいと答える。ところがそれを聞いて怒り立ったのが兄たちである。

「オオナムヂを殺すしかない！」。弟殺人計画である。

兄たちは、オオナムヂを伯耆《ほうき》の国にある手間《てま》山のふもとへ連れて行き、珍しい赤い猪《いのしし》を山の上から追い立てるので、下で捕まえるように言いつけたのだ。

猪とされる大石が残る赤猪岩神社

もちろん赤い猪などいるはずがない。兄たちは火で真っ赤に焼いた大岩を上から落としたのだ。転がって落ちてくる真っ赤な大岩を猪だと信じて疑わないオオナムヂは、正面から受け止めようとし、無残にも焼き潰《つぶ》され、死んでしまうのである。

その猪とされる大石が残っている神社が鳥取県西伯《さいはく》郡南部《なんぶ》町にある赤猪岩《あかいいわ》神社である。自分を見失ったとき、どのようにすればさらに前へ進んで行けるかと考えても答えが出ないときなどは、しっかりと本殿にお参りしてから本殿後方に残る岩に願をかけよう。

不思議にやる気と、何をやらなければならないかを授けてくれる。そうである。ここは死の場所であると同時に再生の場所でもあったのだ。

オオナムヂの母である刺国若《さしくにわか》比売《ひめ》（サシクニ姫）は、息子の死を悲しみ、高天原に上りタカミムスヒに救いを求める。タカミムスヒは『古事記』の最初に登場してきた造化三神のひと柱である。

タカミムスヒは考えた末に、蚶貝《きさがい》比売《ひめ》（キサガイ姫）と蛤貝《うむぎ》比売《ひめ》（ウムギ姫）を遣わした。そして二人の姫によって再生させたのである。

キサガイ姫は貝殻でオオナムヂの体を岩からはがし、ウムギ姫は乳と清水井の水で練った薬をオオクニの体に塗りつけたところ元に戻ったという。これは後の石灰乳に通じ、火傷の妥当な治療法であったと考えられるが、一方でこんな説も。キサ貝とは赤貝のことで、ウムギは蛤の字を当てる。はまぐりである。

実はこういった貝類は女性器に似ているため、その隠語として使われるのだ。二人の介護で、むくむくと彼は生き返ったというのだ。もしやそれは、男を取り戻したという意味では？　赤い猪とは男根という見方がある。その猪を抱きかかえようとして、オオナムヂは死ぬ。これは男色に溺《おぼ》れ死ぬということか？

しかし、赤貝とはまぐりの力でふたたび女との愛に反応してゆく。

計画が失敗した兄たちは復活した弟をまたもや殺そうとする。今度の手口はこうだ。大木を切り倒し、楔《くさび》で割れ目を作り、そこにオオナムヂを招き入れ、楔を引き抜いて打ち殺すのだ。割れ目に溺れさせる。割れ目はいうまでもなく女陰の隠語。

これは赤貝やはまぐりに夢中になって忘れられなくなったとも考えられるし、兄たちがどんどん女を手配してオオナムヂを狂わせて、ヤガミ姫への思いを断ち切らせようとする計画だったとも思われる。

母は息子を探し出し、すぐに木を裂いて取り出そうとしたが、割れ目に溺れるオオナムヂは一向に言うことを聞かない。「ここにいる限り、八十神に滅ぼされてしまう」と考えた母は、急ぎ木国《きのくに》のオオヤビコの元へと向かった。

オオヤビコは、イザナギ夫妻の神産みの5番目に生まれた葺《ふ》き終わった屋根の神だ。

木国の神だからこそ、割れ目から助け出すことができたのだ。説得して無事、悪女たちから手を切らせたという意味とでもしておこう。

それを証明するようにオオヤビコは、木の股から逃がしてすぐ、「スサノヲのいる根《ね》の堅州國《かたすくに》に行きなさい。きっとよい考えを持っているから」と、話している。

スサノヲはオオヤビコの弟に当たるが、オオヤビコは妻の大屋津姫命《おおやつひめのみこと》と枛津姫命《つまつひめのみこと》の3柱で紀伊国に祀られているとある。

木の国とは、今でいう紀の国、和歌山周辺を指していたのだ。オオヤビコは五十《いそ》猛《たけるの》命《みこと》（イソタケル）と同神ともされ、和歌山市に鎮座する伊太祁曾《いたきそ》神社で祀られるが、オオナムヂを助けたことから「いのち神」とされ、病気平癒祈願、厄除け祈願の参拝者でいつもにぎわっている。

オオクニを木から救う　合田道人厳選！　パワースポット神社の行き方

（伊太祁曾神社）
和歌山県和歌山市伊太祈曾558　（073）478-0006
わかやま電鉄伊太祈曾駅下車徒歩約5分

新たな女性に一目惚れ

オオヤビコがスサノヲの国に行かせた理由は、ここにあった。オオナムヂは根の堅州国に着いたとたん、出会った娘に一目惚れしちゃうのである。その名を須勢理毘売《すせりびめ》（スセリ姫）という。

好色は変わりなかったようである。さて、その姫こそスサノヲの娘だった。

これは兄、オオヤビコにスサノヲが以前から「いい娘婿はおらんですかのう」と依頼していたのかもしれない。しかし、スサノヲ家が住む根の国は、地下にある他界とされる。死の世界である。

須佐神社の周辺で一生を終えたスサノヲは、出雲にある地下の根の国に住み、そこを支配していたのだ。

スサノヲはオオナムヂがどんな力を持った男なのか、本当に娘婿としてふさわしいかをテストするため、試練の数々を与えることにした。勇気と注意力、困難から抜け出す手口を知った男なのかを試すためだった。

まずは毒蛇のうごめく部屋で眠らされる。が、姫はオオクニを救おうと機転を利かせて領巾《ひれ》（＝比礼）という神力を持った布をそっと手渡した。

「蛇が食いつこうとしたら、この布を3回振れば追い払うことができます」

スセリ姫の忠告を守ってそれを振ると、確かに蛇は鎮《しず》まり逃げ出した。

翌日、スサノヲは彼を百足《むかで》と蜂《はち》いっぱいの部屋に、寝かせる。しかし、また領巾を振ることで命拾いをするのだ。蛇や百足のようなスサノヲの手下の男たちが、力を試すため寝床を襲わせたというところなのだろうが、それならばわざわざ領巾を振れと、姫に言わせているのはなぜだろうか？

そこには、どんな力が備わっていたのだろうか？

考えられるのは現在の殺虫剤のようなものかもしれない。蛇や百足は嗅覚がすぐれている。蛇は舌を出し入れし、周囲の臭いを口の中に送り込み、上あごで獲物の臭いを感じ取り、百足は触角をアンテナとして視覚、聴覚、臭覚の役目をさせる。嫌いな刺激臭を領巾にしみこませることで、進路を変えさせたのではなかろうか？

難題を次々に突破するオオナムヂに向かって、今度は鏑矢《かぶらや》を野に放って、探し出して拾ってくるように命じた。スサノヲは夢中になって矢を探す彼に向けて、火を放ち、殺そうとしたのである。

火が周囲を包む。今度はスセリ姫の助けもなく、絶体絶命と心に決めたときだった。突然、どこからともなくねずみが現われ、それに従うと野に穴が空き、命拾いをするのである。〝ねずみ〟は〝根住《ねずみ》〟、つまり地下に住み、オオクニを助けた神の使いとされる。大黒さまとなってからもねずみはお遣いとして働くではないか。しかし、ねずみという言葉には脱獄して逃げる、鍵を破るための手段、合鍵といった意味も隠されている。まさに火の海からの脱出ということになる。そしてそれを手助けしたのが穴なのだ。

またまたで恐縮なのだが、穴は女陰の隠語、さらに根は男根の隠語でもある。と、なれば、これはスセリ姫との情事、火のように熱く燃えている最中に、父親に見つかり矢を放たれた。矢を放つということは威嚇《いかく》する、烈火のごとく叱り飛ばすということにもなるから、これは一目散に父を置いて二人で逃げ隠れたということになるのではないか。

そしてそれは、すぐに現実化するのである。スサノヲが眠ったすきに髪を握り、それを柱にくくりつけると、姫と手に手を取ってこの場所から逃げ出すのである。

〝髪を握る〟には、人材を探すために熱心な様という意味がある。スサノヲがオオクニに髪を握らせくらせたということは、娘婿として承知したということになるのかもしれない。

オオクニは部屋にあったスサノヲの宝物、人の生死を司る生太刀《いくたち》と生弓矢《いくゆみや》、神託用の詔《のり》琴《ごと》を手に宮殿から逃げ出す。しかし、これではオオクニはただの泥棒だ。おそらくスサノヲからそれを譲り受けたというのが本当なのだろう。これは地上の支配権の継承の約束ということの証《あかし》といえそうだ。

しかし神話では、二人は逃亡するのに慌てていたため、途中で琴が木に触れて大地が鳴り響くような大きな音を立ててしまったとする。「ことな（事成）れば速やかに去れ」ということわざがあるが、それは長居無用という意味だ。

琴鳴れば、音で目が覚めたスサノヲは、二人を地下と地上の境界線の黄泉比良坂《よもつひらさか》まで追いかけてくるが、「お前が大国主神となり、国を治めよ」と言い放ち、ここで地上の主祭神こと大国主命、オオクニヌシノミコトが誕生するのである。

琴が今も聞こえるような場所

スサノヲの祝福の言葉に送られて、出雲に戻った二人を待ち構えていたのが八十神の兄弟たちだ。ところが立派な青年に育ち、生太刀と生弓矢を手にしたオオクニの力には到底かなわない状態になっていた。「兄弟たちよ、みなは、元々出雲の山や川を司ってきた人々です。本来の場所に戻り自然を守ってゆくように」と命じ、彼らを追い払い、国づくりの大事業に取り掛かったのである。

これはそれまでのオオクニとは違う、たくましい武力が備わった男への成長を意味する。神力が宿ったとしか思えないほどの刀や弓矢の使いこなしは、そうした刀や弓矢の達人たちがオオクニの手下として働き始めたともとれる。その凄腕の家来たちもまたスサノヲからの贈り物だったのだろう。

さてオオクニ、スセリ姫はどのあたりに居を構えたのか。どうしてもオオクニの住まいは出雲大社と思い込んでしまう節があるが、出雲大社が造られるのは、国を統一してからである。まだ先のことだ。

そんな中で私が注目するのは、スサノヲから脱出の際に持ち出した、いや手渡された琴、そう、天《あめ》の詔琴《のりごと》の存在である。琴鳴れば…である。その琴が今なお奏でられているという伝説が残る場所があるのだ。

そこは広島県との県境にある島根県飯南町の標高1014メートルの琴引山《ことびきやま》である。琴があるといわれているのは山の八合目付近の窟で、琴を弾いているのが山頂にある琴《こと》

琴弾山神社

弾山《びきやま》神社（山の名は琴引だが、神社名は琴弾である）の社殿に接して左右に割れた状態で立つ「御陰岩《みほといわ》」という巨岩だとされるのだ。

登山口から1時間半ほどの山頂への道を登り切ると、一面に出雲平野が広がる。

天気がよければ、三瓶山《さんべ》はもちろん、遠く海に浮かぶ隠岐島《おきのしま》まで見渡すこともできる。ここできっとオオクニは、新たな国造りの展望と計画を立てたに違いないと思われるのだ。だからこそここが、琴を持って住んだ場所ではないかと感じられるのだ。御陰岩の〝ほと〟は、やはり女陰のことをさす。夫婦仲良く、子も生したはずである。ここはそんなこともあってか、安産と子供の命を生み育む神、子供の疳《かん》の虫封じに御利益があるとして信仰されてきたという。

オオクニたちの新居？　合田道人厳選！　パワースポット神社の行き方

（琴弾山神社）

島根県飯石郡頓原町大字佐見472（琴引山山頂付近）
（0854）72-0059（由來八幡宮、琴弾山神社社務所）
松江道吉田掛合ICから琴引フォレストパークまで車で30分、琴弾山登山道約60分

嫉妬によって去った姫

新居を構えたオオクニは、同時に根の国に行く前に婚約した因幡《いなば》のヤガミ姫のもとにも出かけ、約束通りに結婚し出雲に招き入れた。ところがスセリ姫はそれを知り嫉妬した。まあ、当時は一夫多妻制だったのだろうが、さすがにこれは納得だ。

遠慮したヤガミ姫は産んだばかりの子を木の股に挟んで、因幡へと帰ってゆく。

このことからその御子《みこ》は、木股神《このまたのかみ》といわれ、またの名を御井神《みいのかみ》とされる。母に置き去りにされた子供の夜泣き、疳の虫封じが琴弾山神社に通じるという気もするが、ここから

下山して車で1時間ほど、島根県出雲市斐川町に鎮座する御井《みい》神社が木股神、さらにヤガミ姫を祀った神社である。

この地の近くには霊蹟とされる生井《いくい》、福井《さくい》、綱長井《つながい》という三つの井戸がある。神社の社伝によると、ヤガミ姫は出雲からの帰りに産気づき、三つの井戸を掘って産湯として、木の股に子を預けたとするのだ。

木の股といえば、ヤガミ姫を娶ろうとしたとき、兄たちに阻《はば》まれてオオクニが死んだ場所である。そのためオオクニの生まれ変わりとも、または旅の途中で子供を失ってしまったという比喩《ひゆ》とも考えられる。

しかし、ここは安産の神であり、母と子の長寿を司るパワーにあふれる。鳥居をくぐって本殿までの参道に立つ、ヤガミ姫と木股神の像にも手を合わせたい。

ヤガミ姫を祀る　合田道人厳選！　パワースポット神社の行き方

（御井神社）

島根県出雲市斐川町直江２６０５　（０８５３）７２－３１４６

ＪＲ直江駅から徒歩約35分

懲りずに次のプロポーズ

次に『古事記』が書くのは、ヤガミ姫と別れたにもかかわらず、オオクニ、今度は高志《こし》の国の姫との結婚話である。

オオクニのこの時代の名は、ヤチホコの神とされている。ヤチホコは八千矛と書く。幾つもの矛、つまり武器で国の面積を広げたということだ。当然、そうなるとその国の姫を妾《めかけ》として持つという考えが成り立つ。これは武士の時代までもそうだった。

オオクニの生涯の子供の数は、『古事記』には180人、『日本書紀』では181人と記される。まさに艶福家、スキモノということになり、出雲大社は縁結びの社へと発展するわけだが、それほどまでにオオクニの力が発揮され、国が大きくなっていったという証拠でもある。出世のための結婚の繰り返しとでも申そうか。

高志といえば、スサノヲのヤマタノオロチでも登場する地名だが、そこの沼河比売《ぬなかわひめ》（ヌナカワ姫）を妻にしようと思い、高志国に出かけ、ヌナカワ姫の家の外から熱い求婚の歌を詠んでいるのだ。

ヌナカワ姫はそれに応じる歌を返し翌日の夜、二人は結ばれるのだが、ヤチホコの恋歌に、「姫のもとに続けて通《かよ》っているのに、私の心も知らずに野原では雉《きじ》が鳴き、庭では鶏《にわとり》が鳴く。これでは声すら届かない。打ち叩いて鳴き止ませてくれようか」とある。

それに対し姫は「今は気ままに遊ぶ鳥ですが、いずれはあなたを慕う鳥となるでしょう。どうぞ鳥を殺さないでください」。

どうだろう？

これは雉や鶏をヌナカワ姫の家来、手下たちだと考えれば話は早い。

「この地を征服させないのなら、武力で家来たちを殺し、この地を侵略するぞ」と言っている気がするのだ。血を流さないためには、私と結婚することによってその地を明け渡しなさい。こう考えると辻褄は合ってくる。

ヌナカワ姫の地は現在の新潟県糸魚川《いといがわ》市にあったと思われる。この地を流れる姫川や布川では日本で唯一、翡翠《ひすい》（ヒスイ）がとれた。美しい玉の象徴のヒスイを手に入れることで、出雲は勾玉《まがたま》などを生産することになるし、当然金回りもよくなる。政略結婚とはいえ、オオクニの力の強さを物語る結婚話である。

糸魚川にはヌナカワ姫を祀る奴奈川《ぬながわ》神社があり、また天津《あまつ》神社にも境内社が建つ。

「玉のような子」という言葉どおり、子授け、安産、子供の健康などのご利益はもちろん、心も顔も美しくなるというパワーをもたらしてくれる。

伝承によるとヌナカワ姫との間の子が、のちに登場の建御名方神《たけみなかたのかみ》（タケミナカタ）。長野県の諏訪《すわ》大社の祭神である。

糸魚川市の駅前海望公園にはヌナカワ姫と幼い時期のタケミナカタの母子像が立つ。

糸魚川海岸に建つヌナカワ姫母子像

（奴奈川神社）
新潟県糸魚川市田伏南村569　（025）555‐2228
JR北陸本線糸魚川駅下車徒歩約15分　（奴奈川神社社務所）

（天津神社）
新潟県糸魚川市一の宮1‐3‐34　（025）552‐0036
トキ鉄・日本海ひすいライン糸魚川駅より徒歩約10分

第6章

国造り順調！
豊かな国をアマテラスが欲する

～オオクニヌシの国造り～のあらすじ

あるとき、オオクニが出雲の美保《みほ》の岬にいると海の向こうから小人神《こびとがみ》がやってきた。これがスクナビコナである。たくさんの知識を持つスクナビコナとオオクニは手を携えて国土を開発し、農耕を進め国を発展させてゆくことになる。

ところがその国造りの最中にスクナビコナは海の向こうの常世《とこよ》の国に帰ってしまう。オオクニは途方に暮れた。この大事業をひとりで果たすには心もとない。そんなときに現われたのが、奈良県桜井市にある三輪山《みわやま》の神である。

こうして着々と国造りは進められ、豊葦原の瑞穂の国、つまり日本は安定期に入った。

それを高天原から見ていたアマテラスは、この国をわが子に治めさせようと思い、オオクニの元に使いを出す。だが使いたちは、出雲の神に心酔して戻ってこない。とうとう次なる使者が送り込まれ、伊耶佐《いなさ》の小浜《おばま》へ舞い降りるのだった。

スクナビコナ参上！

島根半島の東端にある美保の岬は、先の和歌山市加太の淡嶋神社の件《くだり》にもちょっと登場したスクナビコナがオオクニと出会う場所である。

スクナビコナは小人神であり、小舟（天《あま》の羅摩船《かがみぶね》）に乗り、蛾《が》の皮の外套《がいとう》を着ていたとある。羅摩《かがみ》を辞書でひけば、ガガイモとなる。ガガイモの実は小舟に似た形をしている。民間伝承上の謎の生物であるケサランパサランの正体はガガイモの種だという説を聞いたことがあるが、それに蛾のようなキラキラした服を着ていたのだろうか？

つまり今まで見たことのないような服装、これもまた外来人だったのだろう。体こそ小柄だが漁業、農業、土木、医療、酒造など、あらゆる知識を持っている人種だった。温泉にはスクナビコナを祀る神社が目立つが、これは温泉をはじめて医療に用いたのもこの神だったからだ。実は今でも有名な愛媛の道後《どうご》温泉や兵庫の有馬温泉などもスクナビコナがオオクニとともに開いたとされている。

そんなスクナビコナに会ったオオクニは、「おまえは何奴《なにやつ》？」ときく。ところがスクナビコナは、ただ笑っているだけ。黙ったままだったのである。

こんなところからも、スクナビコナは海からやってきた外国の神ではないか？　と推測される。言葉が通じない海外から農業や医薬などの技術を運んできたのではないのか？

だが『古事記』では、スクナビコナはカミムスヒの神の子としている。だがカミムスヒは、神と神とを結ぶ、偉人と偉人とを結ぶ縁を作ると考えられるから、出会いの生みの親ということか。

二人が事業に取り掛かっている時期のオオクニの名は、葦原色許男神《あしはらしこおのかみ》（シコオ）だ。日本全国を回りながら平定させてゆく、つまりどんどん持ち前の行動力と色好きを武器に、姫を嫁にもらいながら、領地を大きく広げていった。まさに色許男の時代なのだろう。

二人は力の限り国造りに努めたが、もうしばらくで葦原《あしはら》の中国《なかつくに》が平定しようというとき、突然スクナビコナは海の向こうの常世《とこよ》の国に帰ってしまうのである。常世の国とはパラダイス、楽園、桃源郷、不老不死の国などとも解釈されるが、二度とこの世には帰って来ることができない国だともされる。天国だったり極楽だったりという意味も持つ。

言ってしまえばスクナビコナは志《こころざし》半ばで命を落としてしまったことになる。

美保神社から米子空港を経て車で約40分ほどの場所に粟嶋《あわしま》神社がある。当然、祭神はス

スクナビコナ上陸と終焉地、粟嶋神社

クナビコナなのだが、ここの住所、米子市彦名町というのだ。県の天然記念物である原生林が生い茂る粟島の188段の石段を登ると頂上に神社が建つ。ここは江戸時代までは中海に浮かぶ小島だったが、江戸末期に埋め立てられて陸続きになった。実はここそがスクナビコナが上陸した場所と伝わっており、神社には小さな岩も残されている。

『伯耆国《ほうきのくに》風土記《ふどき》』によれば、スクナビコナがここの地で粟を蒔《ま》いて、実ってはじけた粟の穂に乗って常世に旅立ったとある。つまりここ粟島に上陸したスクナビコナは、ここで終焉をも迎えたのである。現世最後の地とされているのだ。

ただし、粟の島に飛んでいった（流れ着い

た）という解釈もあり、それが淡路島だとしたり阿波の国だとされたりで、前出の和歌山市加太の淡嶋神社の神ともなってゆくわけである。

さらにスクナビコナを祀り、名前を少彦名神社としている場所は、日本に数多い。

私が知っている限りでも、北は青森県弘前《ひろさき》から、秋田、新潟、富山、石川、岐阜、静岡、大阪、岡山、愛媛など全国に広がるが、出雲がある島根、粟嶋神社がある鳥取にはこの名を持つ神社はないから不思議だ。

スクナビコナが上陸し、最期を迎えた場所　合田道人厳選！　パワースポット神社の行き方

（粟嶋神社）

鳥取県米子市彦名町１４０４　（０８５９）２９・３０７３

ＪＲ米子駅より車で約10分

出雲なのにヤマト？　神の山に宿る魂とは？

さすがのオオクニも、義兄弟のスクナビコナがいなくなっては、国造りもお手上げである。どれだけスクナビコナの力が発揮されていたのかを物語るエピソードだといえよう。

そんなオオクニが、途方に暮れていたとき、出雲の海を照らしながら寄ってくる神がひと柱。その神が言うには、「吾《われ》の御魂《みたま》を倭《やまと》の青垣の東の山上に祀れば守ってやろう」

オオクニは、すぐさまその命《めい》に従う。それが、奈良県桜井市にある『記紀』には御諸山《みもろやま》（三諸山《みもろやま》とも）、今でいう三輪山の神だったのである。

この神の名は大物主大神《おおものぬしのおおかみ》（オオモノヌシ）という。

だがこの神、やはりオオクニヌシの別称だというのである。

オオモノヌシはオオクニの和魂《にぎみたま》なのだ。和魂とは優しさ、平和的な側面で、思いがけぬ吉報や病の回復などをもたらす御魂だとされる。その和御魂を三輪山に祀ることで、スクナビコナの消滅（死）により成し遂げられなかった日本の開拓事業を推し進めることができたということになるのだ。

拝殿はあるが本殿を持たず、標高476メートルの三輪山を御神体とするのが、大神《おおみわ》神社である。拝殿奥はすぐ山であり、珍しい形の三つ鳥居が山と境内をはっきりと隔てている。

幸運奇跡を運んでくれる神社だけに、ここの氣の強さは生半可ではない。真剣に参るだけで人間関係、商売、訴訟などあらゆるものをまとめあげる力を与えてくれる。すぐに結果が出てくるのだ。スムーズに事が運ばないようなことがあれば、それをよきにせよ悪しきにせよ、まとめあげてくれるパワーを持っている。より的確にその力をいただきたいのなら、大神神社の摂社・狭井《さい》神社に参り、初穂料を奉納してから神社脇の登山口から頂上を目指そう。2時間とかからないが、豊かな自然のパワーが後押ししてくれる。

それにしても古都奈良は橿原《かしはら》神宮はじめ、いわゆる朝廷側、天皇家が治めた場所にもかかわらず、出雲神が多く祀られているものが多い。それはこの時期すでに、オオクニは大和《やまと》国近辺まで勢力を伸ばしていたという証ともされる。

そんな中、アマテラスをしっかりと感じさせる神社が、大神神社の摂社の中で最も社格も高く創建も古い檜原《ひばら》神社である。

ここは原始の神祭りの姿をそのまま今に伝え、アマテラスが伊勢に鎮座する前、宮中からこの地に遷され祭祀されていた〝元伊勢〟なのだ。

大神神社の摂社、檜原神社はアマテラスを感じる

本殿もなければ拝殿もないが、三輪鳥居の奥にある神籬《ひもろぎ》からビンビンとパワーが伝わってくる。是非に。

オオモノヌシが鎮座する　合田道人厳選！
パワースポット神社の行き方

（大神神社・狭井神社）
奈良県櫻井市三輪１４２２
（０７４４）４２‐６６３３
ＪＲ三輪駅から徒歩約５分
（摂社・元伊勢　檜原神社）
奈良県桜井市三輪字檜原
（０７４４）４５‐２１７３
ＪＲ桜井線・近鉄桜井駅からバス「箸中」下車徒歩約20分

國麿さんの祖先が高天原から降りた!?

オオモノヌシの力によって、オオクニの葦原の中国《なかつくに》は国土開発はほぼ達成された。

それを天界とする高天原から見ていたアマテラスは今後、美しい稲穂が実り続けるこの国をわが長男、アメノオシホミミが統治するべき! と、宣言した。

オシホミミは意気込んで出発したが、平定したというものの、まだ中国はひどく騒々しく無秩序極まりなかった。支配下に満足のいかない各地の神、豪族たちがまだ暴れていたということだろう。

オシホミミは、そんな混沌としている様子から、まだ時期尚早とアマテラスに報告した。するとアマテラスは天安河原に大勢の神を集めた。要するにこれはその後、天皇家へと発展する九州各地に住む大将格の人間たちを呼び寄せたという見方になるだろう。

無秩序な彼らを服従させるため敵陣に使者を出そう。それには誰が適任であるかを話し合ったのだ。知恵者のオモイカネは、早速「あなたの次男のアメノホヒを派遣するがいい」と提案し、人々はそれに従った。

こうしてアメノホヒが地上の出雲に折衝《せっしょう》に出かけたのである。

しかし、オオクニを説得しているうちにアメノホヒはすっかりオオクニの人柄に惚れ込んでしまった。そしてそのまま出雲に住み着いたのである。きっとオオクニの国造りの構想の力や実行力に信服してしまったと思われるのだ。

そのまま3年間も高天原に帰らなかった。もしかするとオオクニ陣の力に押し伏せられ幽閉、拉致《らち》の類いだったのかとも考えられなくもないが、結局はそのまま地上の出雲で、悠々と堂々と生きてゆくことを決めたのである。神魂《かもす》神社は、アメノホヒの子孫が建てた神社であるという。

その圧倒的な様子はまるでアマテラスの次男

アメノホヒの子孫が建てた神魂神社

であるという自覚と、オオクニに仕えた自信が入り混じっているかのようだ。

大和系と出雲系は古代史の研究上、相反するものであるという見方がされてきた。

しかし2013年の伊勢神宮、出雲大社の60年ぶりに重なった御遷宮がひとつのターニングポイントとなり、新たな日本国の国造りが再開された気がしていた。

それが2014年、より現実化した。

アメノホヒの子、建比良鳥命《たけひらとりのみこと》（タケヒラトリ）はその後、出雲国造《いずものくにのみやつこ》となり、代々出雲大社の祭祀を行なう任務につくことになるのだが、それが出雲国造、そう、宮家の典子様とご成婚した國麿《くにまろ》さんの千家家《せんげけ》の祖なのである。

アメノホヒを祀る神社として島根県安来《やすぎ》市にある能義《のぎ》神社もおすすめだ。あの〝どじょうすくい〟の〝アラエッサッサー〟、民謡「安来節」のふるさとである。

ここの神社はひっそりとした落ち着きの氣を醸《かも》し出すが、境内地には弥生時代から古墳時代の住居跡と見られる遺跡が残り、近隣には能義神社奥院古墳など数基の円墳がある。

私はここそがアメノホヒたちが暮らした場所だったのではないかと直感的に思った。

千家國麿さんの祖先が住んだ所　合田道人厳選！　パワースポット神社の行き方

（神魂神社）
島根県松江市大庭町563　（0852）21-6379
JR松江駅から松江市営バス（かんべの里行）終点下車、徒歩約3分

（能義神社）
島根県安来市能義町366　（0854）23-7667
JR安来駅からバス10分、「能義神社」下車徒歩約5分　（安来市観光協会）

武力行使！　タケミカヅチ舞い降りる

さてアメノホヒは、オオクニの人柄に惚れ込み、これからの地上世界の発展の魅力にワクワクして高天原には帰らなかった。

そこで次なる使者としてアマツクニタマの子、天若日子《あまのわかひこ》（ワカヒコ）を遣《つか》いに出すこと

に決めた。ところが、ワカヒコもまたオオクニにはかなわなかったのだ。

「なんと立派な王ではないか」と心酔、それどころかオオクニの娘を娶ってしまい、すでに8年の月日が過ぎた。「これで地上の次なる王は娘婿の私だ」という傲《おご》りさえも芽生えていたのかもしれない。次に遣わされた使者である鳴女《なるめ》という名の雉《きじ》を、高天原からの遣いとは知らずワカヒコは弓矢で射ってしまう。しかし、神国の鳥である。その返り矢で結局は自分の命を落とす結果を招いてしまうのである。

これは雉狩りでもしていた際の事故死を暗に表現しているのかもしれない。

そして最後の切り札として、出雲の王朝に遣わされたのが、タケミカヅチの神だったのである。イザナギが火の神、カグツチを殺したとき、飛び散った血から生まれたとされる武力の神だ。とうとうアマテラス側は武力行使に出たということになる。

さらにその手助けとして鳥之石楠船神《とりのいわくすふねのかみ》、別名・天鳥船神《あまのとりふなのかみ》（鳥船）を降《お》り立たせている。こちらは文字どおり、鳥のように天を翔《か》ける船の神で、タケミカヅチを高天原から出雲の伊耶佐《いなさ》の浜まで運んだということになる。

宇宙船や飛行機でもあるまいし、これは鳥のように速い速度で船を操縦する技術を持った軍団と考えたほうが、よりリアルだ。

前の二人の遣いのときは、どのように出雲に着いたかの説明はないが、今回はしっかりと伊耶佐の浜に着いたと書かれている。これは船によって、入ってきたという証明だ。

伊耶佐の浜とは、現在の稲佐の浜のことである。ここは出雲大社からもほど近い。現在も神無月《かんなづき》の旧暦10月には、毎年全国のほとんどの神が出雲の浜に入り、出雲大社へと向かうことになっている。神様がみなここに集うから旧暦の10月は神無月なのだ。しかしその時期、出雲は反対に神様のオンパレード。だからこの地域だけは、神在月《かみありづき》とよんでいる。

稲佐の浜に一際目立つ丸い島がある。それが弁天島だ。

稲佐の浜にタケミカヅチは着いた

古くは沖御前といわれ、遥か沖にあった。昭和60（1985）年頃までは、島の前まで波が打ち寄せていたが、近年急に砂浜が広がり、今では島の前まで歩いていけるようになった。神仏習合の時代には弁財天が祀られていたが、今はトヨタマヒコが祀られている。海の神様、ワタツミの大神のことだ。

さて、稲佐の浜に着いたタケミカヅチの神だが、この神は鹿島《かしま》神宮の祭神として有名である。そうなれば利根川を挟んで鎮座する香取《かとり》神宮の経津主神《ふつぬしのかみ》（フツヌシ）も確か、この場で登場するのではなかったか？

そのとおりである。しかしフツヌシは『古事記』には登場せず『日本書紀』にだけ名が見える。しかも『日本書紀』によれば、元々出雲に遣わされることになったのは、フツヌシのほうで、それに不満を持ったタケミカヅチが連れ立って、出雲入りしたということになっている。

すでにこの時期、両者は利根川を挟んだ有力な豪族同士だった。

少なくとも『記紀』編纂の時代には関東という呼称は使われていた。壬申の乱（672年）以降、大和の都を守るために関所を設け、その東側に位置するので関東としたからだ。

こうなると神話の時代はいつなのか？という疑問がわいてはくるが、これ以前から今でいう関東を支配していた一族は存在していたと考えても不思議はない。

知恵者、つまり情報通のオモイカネはタケミカヅチやフツヌシの力の強さをすでに知っていたのだろう。それで何とかして、出雲のオオクニを倒してほしいと願い出た。

その前のワカヒコが8年前に遣わされていたのだから、いくら遠くとも九州から現在の千葉や茨城まで遣いを出すことぐらいは可能だったであろう。お互いの力を尊重していた同族だったとも考えられるかもしれない。さらに鳥船とはこの地から出雲へと最短コースで早く到着する船を操ることができる技術を持った者だったと思われる。そんな集団が存在したはずだ。

鹿島も香取も神宮であるが、神宮とは伊勢神宮のみに使われる名称だった。しかし、この2社だけは許され、江戸時代まで神宮を名のっていたのは伊勢のほかには鹿島と香取しかなかった。ところが鹿島、香取とともに、この近辺で東国三社《とうごくさんしゃ》として祀られている神社がある。

それが茨城県神栖《かみす》市に建つ息栖《いきす》神社なのだ。なぜに鹿島、香取の2社と肩を並べることができたのだろう。その理由はご祭神にあった。

息栖神社が祀っているのは久那戸神《くなどのかみ》というが、〝くなど〟は、〝ふなど〟の神ともよばれるのである。さらに社伝に決定的なことが記されていた。鹿島神、香取神による葦原中国平定において、先導にあたった神とされているのだ。さらにこの神社の相殿神は、なんと天鳥船命だと記されているではないか。もう間違いない。

12年に一度、午年《うま》にだけ鹿島神宮の御船祭《みふねまつり》と香取神宮の式年神幸祭《じんこうさい》が行なわれる。2014年の祭りを見学したが、船と鹿島と香取の密接な関係を目の当《ま》たりにした。

この船祭は、タケミカヅチとフツヌシが水上で再会するというものである。鹿島神宮からタケミカヅチの分霊を神輿《みこし》に乗せた御座船《ござぶね》が、水路の中に建つ一之鳥居をくぐって香取神宮近くの千葉県香取市加藤洲《かとうず》まで向かう。そして香取神宮の神職が乗った船に歓待を受け、鹿島へと戻ってくるのだ。

一方、香取の神幸祭は、同様の船が佐原《さわら》の津宮から対岸の茨城県の牛ケ鼻に向かい、鹿島神宮側の歓待を受ける。その船に続いて、さらに50隻ほどの船が行列を組んで進む様は、さながら平安絵巻でも見ているような錯覚に陥る。今もなお、現在へ続く日本の成り立ちを作った二つの神のかたい絆を感じさせてくれる。

また鹿島神宮、香取神宮にはともに「要石《かなめいし》」とよばれる石が祀られている。その石によって地震を起こすナマズを押さえているといわれ、地中で鹿島と香取は結ばれているともされる。

しかしながら、先の東日本大震災では2社ともに被害を被り、鳥居や灯籠が倒れた。これは心底、神を信じなくなってしまった現代人への警鐘なのではないのか？

さて稲佐の浜に降り立った二神は、十拳剣《とつかのつるぎ》を波頭に逆さに突き立てると、がっしと胡坐《あぐら》をかいて、「この国はアマテラスの御子《みこ》が治めるべき」と強く迫ったのである。

譲りを迫る神を祀る東国三社
合田道人厳選！　パワースポット神社の行き方

（鹿島神宮）
茨城県鹿嶋市宮中２３０６・１
（０２９９）８２・１２０９
ＪＲ鹿島神宮駅より徒歩約10分
（香取神宮）
千葉県香取市香取１６９７・１
（０４７８）５７・３２１１

ＪＲ佐原駅から車で約10分

（息栖神社）

茨城県神栖市息栖２８８２　（０２９９）９２‐２３００

各ＪＲ最寄駅から車で約20分

第7章

天孫への国譲り

〜天孫への国譲り〜のあらすじ

タケミカヅチに国譲りを迫られたオオクニは「私はいいが、二人の息子たちに訊ねてほしい」と言った。オオクニの息子、八重事代主神《やえことしろぬしのかみ》（コトシロヌシ）はそれに応じ、海へと消えてゆく。

「ほかに意見があるものはないか？」とタケミカヅチが訊くと、「もうひとり、タケミナガタという息子がおります」とオオクニが答えるか答えないうちに、「俺の国でひそひそ話してるやつは、一体誰だ？」と、タケミナカタは、タケミカヅチの腕を摑んだ。

そのとたん腕は一瞬にして硬く冷たい氷柱に化し、さらに剣の刃に変化したのだ。

これにはさすがのタケミカヅチも驚いた。一歩一歩後ずさりし、信濃《しなの》の国の諏訪《すわ》へと逃げ込んで、やっと決着を見るのだった。

オオクニは国譲りを承諾したが、ひとつ条件を出す。

天まで届くような大きな住まいを所望したのだった。

コトシロ隠れる

「わが子が治めるべき」というアマテラスからの伝言をタケミカヅチからきいたオオクニは、落ち着き払って「私から返事はできない。代わりにわが子で託宣神のコトシロヌシが答えるであろう。しかし、コトシロは魚を捕るために美保の岬に行っている」と答えた。託宣とは神が人に乗り移ってその意志を告げることである。きっとコトシロは神懸かりな感覚を持ち合わせながら、物事を判断することができる人材だったのであろう。コトシロの名の「言代」は、語るべき神、ここで言えばオオクニの言葉を代わりに伝えるという意味もある。

タケミカヅチが鳥船に美保の岬までコトシロを迎えにやらせた。(『日本書紀』では遣いを出す) いずれにせよ問いただすとコトシロはあっさりと「天つ神の意向ならば、献上いたしましょう」と降伏し、美保の岬で船に乗り込んだ。船を踏み揺らしながら、神霊がこもる聖域を示す垣根である青々とした芝垣《しばがき》を海の中に造ると、柏手《かしわで》を普通とは逆に手を下に向けて打ち、そのまま海の中に隠れてしまった。

毎年真冬に行なわれる諸手船神事

〝隠れた〟は死んでしまったということになるから、これは海での戦いをさすことになるのだろう。結果、アマテラス陣に勝利が導かれたのである。それを物語るような神事が、松江市美保関町《みほのせき》の美保神社で行なわれている。

コトシロヌシは一般にはエビス様として親しまれているが、ヒルコ系エビスの総本社が西宮神社であるのに対し、コトシロ系のエビスの総本社は美保神社なのだ。

ここで毎年12月3日に行なわれる諸手《もろた》船《ぶね》神事は、モミの木をくり抜いた2隻の船で速さを競い合い、激しく水を掛け合う勇壮な神事だ。これはオオクニが国譲りをするべきか否かを聞くために、鳥船がコトシロを訪れるシーンの再現という。また4月7日の青柴垣《あおふしがき》神事は、コトシロが国譲りを認めたあとに船を傾け、海の中の青柴垣に身を隠す場面が描かれている。どちらにせよ、海上戦を模した神事なのだ。

エビスは福の神として有名だが、ここは商売繁盛の御利益にとどまらない。海の男のパワフルさ、荒波に立ち向かう命がけの勝負運を向上させる力を与えてくれるのである。さらに物事を見極めながら人生を歩んでいける秘訣を教えてくれる神社なのである。それが周囲から注目され、人々の口により広められる。言い換えれば〝鳴り物入り〟とでも申そうか、そんな人生行路を歩むパワーがある。実はここの神社では古来より〝鳴りの信仰〟があるとされ、そのため、吉原《よしわら》廓内で流行《はや》ったお座敷長唄「荻江《おぎえ》節」の創作者でもある初代・荻江露友《ろゆう》が所有していた三味線や日本最古のアコーディオンなど数多い楽器が奉納されているのだ。なんとその中の846点は国の重要有形民俗文化財に指定され、芸事上達の力まで備わる。

鳴り物入りで世間の注目を浴びる強さを与えてくれる
合田道人厳選！　パワースポット神社の行き方

（美保神社）
島根県松江市美保関町美保関608　（0852）73-0506
JR松江駅よりバスを乗り継ぎ、「美保神社入口」下車

歩くべき運命の道を教える越後の彌彦さま

オオクニヌシひとりめの子は国譲りを一応承諾。つまりタケミカヅチ率いる朝廷側との戦いに屈したが、オオクニにはもうひとり、意見を聞かなくてはいけない息子がいた。力自慢で有名なタケミナカタである。

おそらくオオクニは、タケミナカタならタケミカヅチ勢に勝《まさ》るはずだと思っていたのだろう。180人もの子供のうち最高の剣の使い手であり戦《いくさ》上手だったと解すればいい。

そこで一戦を交えることになった。タケミナカタは相手の腕をさっと摑んだ。そのとたん、相手のタケミカヅチの腕は一瞬にして硬く冷たい氷柱に化し、さらに剣の刃に変化したというのだ。タケミナカタにとって今まで遭遇したことがないほどの剣の達人たちだったということを表現したものだろう。

さすがのタケミナカタもこれには肝をつぶしてしまい、軍は一歩一歩後退してゆくことになる。

出雲の稲佐の浜に始まった戦闘は、越前、越後の地を通過し追われ追われて、とうとう長野の諏訪まで追いやられることになったのである。

出雲から越後への道中には、タケミナカタの母、ヒスイの姫ことヌナカワの故郷がある。一度はそこに逃げ隠れたのかもしれないし、ヌナカワ軍も多分、加勢したはずだ。しかし執拗なまでに相手は追ってくる。

越後には一宮、彌彦神社がある。今では、〝やひこ〟とよばれるが、実際には〝いやひこ〟または〝おやひこ〟とよばれていた。ここもまたオオクニ支配下にあった。

けれどここの祭神は天香山命《あめのかごやまのみこと》（カゴヤマ）、神武天皇から越後開拓のために遣わされた神ではあるまいか。いや、それは戦いが済んだずっとあとに鎮座したまでのこと。

彌彦神社は出雲大社と同じ四拍手の神社

実際は、背後に聳《そび》える彌彦山が御神体であり、祭神は大屋彦とされていた。まさに〝おやひこ〟である。大屋彦はスサノヲとクシナダ姫の第一子とされる。スサノヲの娘が嫁いだオオクニの子であるタケミナカタを匿《かくま》い、一緒に戦った。しかし、果たせなかった。

その後、アマテラス側のカゴヤマ神が祀られたが、実はここは密かに今なお、出雲の魂を受け継いでいる場所なのである。

彌彦神社は出雲大社と同じく珍しい、四拍手の柏手を打つ神社なのである。二礼四拍手の神社は、出雲と彌彦、それに大分の宇佐《うさ》神宮の三社以外はほとんど見当たらない。

四拍手の意味は四隅《よすみ》、つまり東西南北への祓いと考えられるのだ。つまり、タケミナカタは四方を敵に囲まれた。それらをみな蹴散らすために、各方角に向かって四拍手の柏手を打ったと思えるのだ。

何しろ四拍手の威力は強い。自然災害からの守護や生きる力を与えてくれるからだ。

この本殿を拝したあとは、ぜひロープウェイで御神体の山頂まで上って、より強いパワーをいただいてほしい。ここは自分が本当に進むべき道を教えてくれるからである。

タケミナカタもここを参り、最後の力を振り絞って諏訪へと山越えしたはずである。

実際、話し合いによって進めたいもめごと、ライバルの出現を切り抜けて勝利する方法、そのために必要な分析力や情報を与えてくれるというのが、この神社の特性なのだ。ただ独りよがりで自分勝手な謀《はかりごと》であったりした場合は、反対に消滅の一途をたどることになるから注意してほしい。

結果的にはどのような道を歩むべきかを形にして教えてくれるのだ。

と、いうことはここで拝したのち、諏訪に鎮座することになるタケミナカタの運命は、おやひこ様の思《おぼ》しだったということになるかもしれない。

（彌彦神社）
新潟県西蒲原郡弥彦村弥彦２８８７－２　（０２５６）９４－２００１
ＪＲ弥彦線弥彦駅下車徒歩約15分

春宮と秋宮は季節で神が移り住む‼

タケミナカタ軍は越後の彌彦から信濃・諏訪の国まで追い詰められ、この地で降参した。「この地から一生、一歩も出ない」と約してその場に留《とど》まったという。

しかし、すでにこの地にはすでに有力な地方神が存在していた。諏訪を統制していた豪族だ。

だが、越後経由のタケミナカタ軍は一度、追っ手を撒《ま》いて逃走に成功したのだろう。だからこそ諏訪に先住していた地主神を破り、諏訪湖の龍神や水神などをその武勇によって征服し君臨することができたはずなのだ。

「もう出雲には帰るまい」、そう決心し、新しい地を第二の故郷にしたのである。だが、タケミカヅチ勢は、諏訪に隠れ住み、そこの支配者となったタケミナカタを発見し、戦が再開される。やはり敵は強かった。

「二度とこの地から出ることはない。父、オオクニに天つ神にこの日本を明け渡してよいと伝えてくれ」と明言し、長かった国譲りへの決戦に幕を下ろしたのである。

全国に1万社近くある諏訪神社の総本山、諏訪大社は上社本宮、上社前宮、さらに諏訪湖を挟んで下社春宮、下社秋宮の4宮からなる。上社は男神、下社に女神が祀られるが、ここでも四拍手ならぬ、〝4〟という数字がポイントになっている。男神は当然、タケミナカタだが、女神は八坂刀売神《やさかとめのかみ》(ヤサカトメ)。

ヤサカトメは『記紀』にその名がないことから、おそらく諏訪固有の神、つまりタケミナカタがこの地を手に入れたときにここを統治していた一族の娘というところだろう。タケミナカタとは結ばれたが、諏訪大社では別々の場所に祀られているということだ。厳冬時期の氷《こお》った諏訪湖が裂ける〝御神渡《おみわたり》〟現象は年に一度、男神が女神に会いにいく印とされ、今もその氷の割れ方で一年の吉凶を占う行事が続けられている。会いたいのに会えな

諏訪大社本宮の一之御柱

い、一緒にいたいにもかかわらず一緒にいられないということになるのだ。

　この大社最大の特徴は4社ともに、四方に共通して4本の立派な御柱《おんばしら》が立っていること。柱の意味は「二度とこの場から出ません」と誓ったタケミナカタを見張る役目とも、聖域と俗世の領域を分ける結界を張ったためともいわれるから、夫婦はそのとき、つまり敵軍に降参した時点で離れ離れにさせられたのであろう。

　7年に一度、寅《とら》年と申《さる》年にだけこの御柱を新しくする〝御柱祭〟がある。死者さえ出るという豪壮かつ勇ましい祭りだ。

　急な坂を巨大なモミの木の御柱に乗って駈け下りる荒々しさは恐怖感さえ覚える。これほどまでに熾烈《しれつ》な戦いがくり広げられていたことを物語っているかのようだ。

諏訪大社を拝する場合は、まず上社へと向かい本宮から参る。20分ほど歩いた場所にある上社前宮は4社の中でいちばん古くから建てられており、ここが諏訪信仰発祥の地とされ、3社とは異なる独自のパワーを発する。

上社のあとに下社の春宮と秋宮を参るが、実は下社は季節ごとに神が居場所を換えるのだ。2月1日に秋宮から春宮へ、8月1日に春宮から秋宮へと女神が移動する。この風習も変わっているが、やはり〝4〟のキーワードには四季が隠されている気がする。

タケミナカタが鎮座したパワスポ神社　合田道人厳選！ パワースポット神社の行き方

（諏訪大社・上社本宮）
長野県諏訪市中洲宮山1　（0266）52-1919
JR中央本線茅野駅よりタクシー5分

（諏訪大社・上社前宮）
長野県茅野市宮川2030　（0266）72-1606
JR中央本線茅野駅よりタクシー5分

（諏訪大社・下社春宮）
長野県諏訪郡下諏訪町193　（0266）27-8316
JR中央本線下諏訪駅から徒歩約20分
（諏訪大社・下社秋宮）
長野県諏訪郡下諏訪町5828　（0266）27-8035
JR中央本線下諏訪駅から徒歩約10分

オオクニはなぜに出雲大社におさまったのか？

オオクニは、この時点で「ではわが子らの判断どおり、この葦原の中国《なかつくに》を献上しましょう」と、アマテラスの王朝へ国を譲ることを決心する。

だがそのとき、「これから私は幽界の神となりましょう。ただし天つ神の御子が住む宮殿と同じように、地底の硬い石に太い柱を深く突き立て、屋根には高天原に向かって千木《ちぎ》

平成の大遷宮を終えた24メートルの出雲大社と筆者

を高々とそびえさせた神殿を造っていただこう」と条件を出した。

それが言わずと知れた出雲大社《いずものおおやしろ》である。

2013年5月の平成の大遷宮で再び私たちの目の前にその姿を現わした本殿は、高さ24メートル。ところが社伝によれば、最古の社殿の高さは、32丈だった。32丈といえば約96メートルということになる。その後に16丈（約48メートル）になり、さらに現在の高さになったといわれる。16丈説については、平安時代中期（十世紀）の書物『口遊《くちずさみ》』に、日本の高く大きな建物の順位として、雲太＝出雲大社本殿、和二＝東大寺大仏殿、京三＝平安宮の大極殿《だいごくでん》とある。

だが敗者を、なぜにこうまでして天つ神同様の立派な宮殿に住まわせなくてはならなかったのかは、日本の永遠の謎なのだ。一体なぜに？

ごく自然に考えられるのは、この戦いに負けてオオクニヌシは死んだ。つまりこれはお墓、陵ではないかという考え方だ。〝幽界の神になる〟と、オオクニは自ら発している。

幽界とは死後の世界のことである。

人間は死後、幽界から霊界へと上がってゆくとされるが、いかなる人間であっても一度は幽界に留《とど》まり、そこで暮らすと考えられていた。どんどんと上昇してゆき霊界に入るというのなら、やっとの思いで倒したオオクニをできるだけ早く霊界へと導いてしまいたいと考え、高い場所に眠らせようとしたのではないか。また幽閉したとも考えられよう。幽界ではなく幽閉である。逃げ隠れできないほど高い場所に閉じ込め、見張りを立てたという考えだ。

ただどうしても引っかかるのは、今なお旧暦10月にこの出雲に八百万の神々が集まり、神在月になることである。なぜにそこまでして、出雲の神に義理立てする必要性があったのかという疑問である。

すべての出会いを司る神々の会議が行なわれるためであるとか、神々すべての母ともいうべきイザナミが火の神を産んで亡くなったのが旧暦10月なのでとか、さらに黄泉《よみ》の国がある出雲にお墓参りのためとか、もっともらしい理由は並べられてはいるが、今ひとつ首を傾げる。

『出雲国風土記』には出雲大社の創建と国譲りは無関係と記されている。

それによれば、巨人神の八束水臣津野命《やつかみずおみつぬのみこと》が偉業を成し遂げ、領土を広げ豊かな国を造ったオオクニのために杵築《きづき》の地に大宮を造るべきだと話したところ、自然と各地の神々が集まり、〝そうだそうだ〟と、自分たちの意思で神殿を造り出したというのだ。つまり〝我らが大将〟と、信望が厚かったオオクニのためにみんなが、当然のように社を建てたということになる。これはあり得《う》ることかもしれない。では、今一度『記紀』に戻って、オオクニが自ら「高い建物を造れ」と実際に言ったとしよう。しかしそれを聞き届ける必要は、勝者・アマテラス軍にはなかったはずだ。

オオクニこそが本当の勝者で、「じゃ俺が一番高いところから見張ってやろう。そろそろいい年齢《とし》だし、頼りになる息子たちもいなくなってしまってこれから先、つまらん。引退してやる代わりに、わしの意見を通せ」

これはなんとなく、徳川の大御所、家康のような雰囲気を醸《かも》し出していて、なかなか悪くない推論だ。だからこそ、年に一度は、お伺いを立てにみなでここを訪れなければならなかった。オオクニ大御所説というのはいかがだろうか？

はたまた、オオクニを表舞台から退けた瞬間に、アマテラス族の関係者に死者が続出したり、干ばつや地震の自然災害、疫病まで広がったとしたら、「オオクニから国を奪った呪いの結果ではないか」とあわてふためいた考えを持ったとしても、一笑に付すことはできまい。立派な社殿を造り、霊界に近づく高い高い社に奉《たてまつ》り、国の平和を祈ったとしたら…。オオクニ怨念説もあり得るだろう。現にのちに神としても祀られる菅原道真《すがわらのみちざね》がこの怨念パターンなのだ。

当然そうなれば恨みや呪いを鎮めるため各国の神々が集まり、その行事に参加したはずだ。それが今に続く神在月の本来の姿ではないか。

地方の意地をアピールするように、どこよりも高く大きな出雲大社を建てたのは、伊勢神宮への対抗だったのかもしれない。

そうなると、オオクニがアマテラス軍にこれを造らせたというよりは、周囲の豪族たちが、「いつかは出雲国の天下ふたたび」とでも思いながら、自分たちの意志でこれを創建したという『風土記』のほうが、説得力ありということになってしまうのだが…。

出雲大社　勢溜の大鳥居

出雲大社の詣で方

いずれにせよ、伊勢神宮と双璧ともいうべき出雲大社は、今も日本人の心の拠《よ》り所のひとつになっている。

高さ23メートルの第一鳥居から、出雲大社本殿へと歩を進める。第二鳥居、そしておなじみ勢溜《せいだまり》の大鳥居で一揖《いちゆう》(＝一礼)して参道を歩く。中央は神様の通り道だから歩いてはならない(神社参拝の基礎的なルールは既刊『神社の謎』に詳しい)。

右手に見えてくる祓社《はらえのやしろ》に向かい、自らを清め、祓詞《はらえことば》を唱えるのを忘れてはいけない。本社にお願いする前に、必ずここを詣でること。

三つ目の鳥居から銅製の最後の鳥居を触りながらくぐる。触るだけで金運がつくといわれる鳥居だ。拝殿を拝してから、とうとう本殿へと向かう。二礼四拍手である。瑞垣内へと通じる扉、八足門《やつあしもん》の階段の下に大きな3つの赤い丸のタイルがある。

これは平成12（2000）年に発見された古代神殿の跡である。この地下から直径135センチの杉を鉄で3本束ねて1本の柱とした巨大な立柱が見つかったのである。

この発掘はそれまでの「そんな古い時代に高層建築は無理、神話はどこまでいっても神話」と言われていた説を一瞬で覆《くつがえ》したのだ。

円は柱の跡。筆者と比べると大きさが分かる

これに先立ち、近くの遺跡から大量の銅剣や銅矛が発見されたことで、出雲にはその昔、とてつもない力を持った一族がいたということが、はっきりと証明されたのである。「神話は神話にすぎない」は、もう通らなくなったのである。

すべての縁をくくる大神　合田道人厳選！　パワースポット神社の行き方

（出雲大社）

島根県出雲市大社町杵築東195　（0853）53-3100

一畑電車出雲大社前駅より徒歩約10分

第8章

天孫降臨

～天孫降臨～のあらすじ

オオクニから譲られた、葦原《あしはら》の中国《なかつくに》は天孫、つまり天皇家が治める国となった。アマテラスははじめの考えどおりに長男、オシホミミを降臨させることにしたが、その準備中にオシホミミに子が生まれる。そのためその子、天邇岐志国邇岐志天津日高日子番能邇邇《あめのにきしくにきしあまつひこひこほのにに》芸命《ぎのみこと》（ニニギ）を降臨させることとしたのである。

その際、孫に向かってアマテラスは三種の神器を与え、「鏡を私の御魂《みたま》として、敬って祀りなさい」と申しつけた。

いよいよ降臨。しかし周囲は暗かった。ところが天と地上の分かれ道に、明かりを照らすひとりの神が待っていた。彼は暗い道を照らしながら道案内をしてくれる。

その導きによって、ニニギの一行は雲をかき分けながら、筑紫《つくし》の日向《ひむか》、高千穂の久士布《くしふ》流《る》岳に降り立ったのである。

出雲との戦いが始まって20年!?

タケミカヅチから国譲りの報告を受け、アマテラスは長子、オシホミミを呼び寄せ当地を任せる旨を伝えた。するとオシホミミはその準備中に息子が生まれたことを告げ、息子であるニニギを降臨させたいと告げたのである。

よく天孫降臨の場面を描いた絵などに、付き添いの神々が真床覆衾《まとこおおふすま》（追衾《おうふすま》とも）とよばれる聖なる寝具、おくるみに包まれた赤ちゃん、つまりニニギを抱いて降臨しているものを見受けるが、生まれたての赤ん坊がすぐ地上に降りるというのも、いかがなものだろう？

この出雲からの国譲りは意外と簡単に実行されているように書かれているが、実際のところ、そうたやすくなかったはずだ。少なくとも最初に国譲り構想をアマテラスがオシホミミに告げてから、判明しているだけでも最初の使者は3年も高天原に戻らず結局は出雲に住むこととなり、次の使者は8年後に返り矢で亡くなる。そして次なる使者であるタケミカヅチの闘争とて、鹿島から出雲へと入る時間、オオクニたちの子供との戦いの時間も経過している。

さらに出雲から諏訪に逃げ入り、そこで諏訪の地元神から領土を奪い安穏としている状態で発見されてからの征伐である。

と、なるなら出雲との戦いが始まり天孫降臨まで少なくとも十数年、普通に考えると20年ほど、いやそれ以上の時間を経ている可能性も高い。

降臨の準備中にすでにニニギは産まれたことになっている。その間に産まれているのなら、彼は赤ちゃんではない。立派な青年に成長していてもおかしくはない。

年齢を重ねた彼の父、アマテラスの長男・オシホミミが、すでにこの時点で病気がちであったり、もしかして亡くなっていたことも想像することはできる。新しい国の統治者として未来があるニニギがふさわしかったのだろう。

祖母や父に見送られたニニギは、アマテラスが特別に選んだアマノコヤネ、フトダマ、ウズメ、イシコリドメ、タマノオヤの五伴緒《いつとものお》とされる天岩戸開きの段で活躍した神々を伴とさせ、勾玉と八咫鏡《やたのかがみ》、スサノヲから献上された草薙剣《くさなぎのつるぎ》を「代々、子孫へと守り伝えよ」と言って持たせた。

これにオモイカネ、タヂカラヲ、天石門別神《あめのいわとわけのかみ》（イワトワケ）を副《そ》えて送り出したのだった。

導きの神、サルタヒコに導かれよう

地上に天降《あまくだ》る途中、道が八方に分かれた道にさしかかったとき、行く手を遮るように異様な顔をした大男が立ちはだかった。ニニギ一行に緊張が走る。

「国つ神はことごとく服従したはずという報告を受けていたにもかかわらず、まだ悪神が潜んでいたのか？」

それを天界から見ていたアマテラスはウズメにその正体を探らせた。ウズメは胸と女陰を見せながら天岩戸開きに貢献した、あの芸能、俳優《わざおぎ》の女神である。得意の踊りを交えて心を開かせ、ウズメはその男の正体を問いただしたのだ。お得意のストリップショーまがいで心を開かせたのだろう。

すると「私はサルタヒコという国つ神です。天つ神の御子がおいでになるとお聞きし、道案内をしてさしあげようとお待ちしていたのです」。

高天原から葦原の中国《なかつくに》までを照らす太陽神として描かれるサルタヒコだが、そうなれば天上の太陽の神がアマテラス、地上の太陽の神はサルタヒコということになる。そのサ

弓矢で岩戸を射抜いたこの場がサルタヒコの誕生地

ルタヒコの誕生地とされている場所があるのは、なんと出雲なのである。

松江市の加賀《かが》の潜戸《くけど》がそこ。高さ40メートル、長さ200メートルの海中の洞窟である。『出雲国風土記』によれば、ここで生まれた佐《さ》太《だ》大神こそがサルタヒコだとあるのだ。

伝承では母が金の弓で射抜いて光り輝いた岩屋で生まれたとされる。先日、船でその洞窟の中に入ってみた。

松江市街地から日本海を目指し北上すると、複雑な地形のリアス式海岸が現われる。絶景スポットの中にある加賀港から洞窟内を通り抜けて運航される潜戸観光遊覧船である。

洞窟はふたつあり、ひとつは死んだ子供の魂が集まる「賽《さい》の河原」とよばれる仏潜戸。そして岬の突端に位置するのが「神潜戸」。東・西・北の3方向に入口があり、長さ200mという狭いトンネルを船が進むと、岩の上に鳥居が見える。

ここがサルタヒコの生まれた場所だとされるのだ。神域ゆえそこへの上陸は叶わぬが、船がそこを通り過ぎるとき、実に厳かな気分になった。

その佐太大神ことサルタヒコの神社といえば、松江市に鎮座する佐太神社である。はじめてここを訪れ、鳥居をくぐった瞬間「わあやっとお会いできました」と声を発したほどうれしくなった神社である。

社殿は勇壮で独特な三殿並立の造りである。真ん中の正中殿が佐太大神はじめイザナギ、イザナミほかを祀り、北殿にはアマテラスやニニギ、また南殿にはスサノヲと秘説四座が祀られる。

現在は遷宮中で、その並立三殿を見ることはできないが、はじめて訪れたときから御帳《みとばり》の奥にいらっしゃる神様が気になって、「それを見たい」と思ってひざまずき祓《はらえことば》詞を読み出した瞬間、まるで「そんなに見たいのならどうぞ」と御帳が風で持ち上がり、神殿のほうの天井へめくられたまままくっついて動かなかったのだ。そして祓詞奏上が終わったとき、まるで嘘のように静かに下りたのである。翌年に詣でたときは、偶然にも神等去出《からさで》神事の夜だった。

旧暦10月に出雲大社に集まった神々は、その後自分の国に帰る前に出雲の神社のいくつかを回ることになっている。先述した比婆山のイザナミ御陵は、その後に、ここ佐太神社へと遷されたとされるため、神たちはこの場に墓参にくるというのだ。

さらに次に来訪したのが、佐太大神ことサルタヒコ誕生の地、加賀の潜戸《くけど》を船に乗って見たあとだった。すでに日も暮れて真っ暗だったが、神社を訪ねた。

周辺を歩いていると朝山宮司の自宅があった。直接お会いしたことはなかったが、手紙や物をお送りいただいていたので、せめてご挨拶だけでもと思ったのである。玄関口に奥様が出てきて、「まあ、いつも楽しくご本を拝読しておりますのよ」と言うと、すでに入浴を済ませたという宮司が顔を出して、わざわざ神社に赴いて御朱印を押してくださった。

「寒いのに申し訳ありません」。入浴後である。もしも風邪でも召されてはと心配したが、「明日、私は不在ですが東京にお帰りになる前にもう一度いらっしゃってください」と告げられた。

翌日昼にふたたびここを訪ねると、神職が「お待ちしておりました」と言うやいなや、なんと遷宮中のお宮へと案内してくださったのである。はじめて来たときから、御帳の後ろにある社殿、そしてそこにおられる神様をこの目で見てみたい…と、ばち当たりなことを思っていた神社でそれは叶ってしまったのである。

私は屋根の葺き替え中の社のはしごを登りながら、うれしさや喜びを通り越し、「なぜにこんなことを私は体験させていただいているのだろうか?」と不思議な思いにかられていた。導きの神、サルタヒコの強い力に守られて、きっと私は何かに導かれているのだろう。そう感じるようになるのは、しばらくあとのことである。

導きの神の思し召しのままに　合田道人厳選!　パワースポット神社の行き方

（加賀の潜戸）

島根県松江市島根町加賀地内　（0852）85-9111

JR松江駅より車で約30分

（佐太神社）

島根県松江市鹿島町佐陀宮内73　（0852）82-0668

JR松江駅より一畑バス恵曇方面行き約25分「佐太神社前」下車すぐ

サルタヒコを祀る総本山は、三重県鈴鹿市にある椿大神社《つばきおおかみやしろ》である。ここが伊勢国の一宮だ。頻繁に伊勢神宮を回るきっかけとなった年にはじめてここを来訪し、そのときから「どうぞ本殿へお参りください」とすすめられ、驚いた記憶がある。1年数ヶ月ぶりになぜかどうしてもお参りしたくて先日、2度続けて訪ねたのである。

鳥居をくぐって本殿への参道の中ほどに土公神陵がある。サルタヒコの御陵だ。社務所でお酒を奉納すると、「宮司は留守ですが…」と岩田禰宜が丁寧にお話しくださり、祓所から奥の神殿まで通され、玉串をあげさせていただいたのである。幸福感がただよい、ただただ感謝の心でお参りした。

そしてそのあと、私は伊勢の二見興玉神社へと車を走らせたのである。伊勢参りの前には必ず、ここを参って身を清めてからでなければいけないということは前著にも書いたし、毎回実行するため、伊勢参りの前夜には二見興玉神社の鳥居のすぐ近くにある岩戸館という宿に泊まる。4月から8月は朝、海に浮かぶ夫婦岩の間から日の出が拝める。それを見るには、起きてすぐその場所に向かうことができる宿が絶好なのだ。

朝日が昇れば、宿に引き返して、もう一度眠ることも可能だ。朝の食事は古代米のもち米やこの神社の祓いには欠かせない海草のアマモの味噌汁など健康的なものばかり。さらに風呂は二見の塩を入れたもので、禊の湯ともいうべきものである。

ここの神社はなぜ伊勢神宮の前に寄らなければいけないかというと、古来は清き渚《なぎさ》、二見で沐浴してから伊勢参拝という慣わしがあったからだ。さすがに現在は霊草、無垢鹽《むくしお》草《ぐさ》、先ほど食事に出てきたアマモで身を清めるようになっているが、私はスケジュールが許す限り、前日にこの宿でその湯に浸かり、さらに朝も浸かってから二見興玉神社へと向かうのだ。

この神社の祭神もサルタヒコである。夫婦岩の沖合700メートルの海中には霊石が鎮まっている。ここもご縁で、片岡宮司はじめ神職たちがいつも笑顔で迎えてくださる。

さらにここを詣でてから、とうとう伊勢神宮外宮を参り、そのあと内宮へと向かうが、内宮そばにある、その名も猿田彦神社も寄ることにしている。

いやはや、どうやら私はサルタヒコ神の導きの力を強く受けているようである。

アマテラスの鎮座地をヤマト姫が求めてやってきたとき、サルタヒコの子孫である大田《おおたの》命《みこと》が、五十鈴川《いすずがわ》の川上に迎えたことにより伊勢神宮の内宮は建てられた。サルタヒコのパワーは、まぎれもなく人生の道案内ということなのだ。

しかし、そんなサルタヒコにも死は訪れる。『古事記』にはサルタヒコ逝去のシーンも書かれているのだ。

サルタヒコは、伊勢の阿邪訶《あざか》で漁をしているとき、比良夫貝《ひらぶかい》に手を挟まれ、そのまま溺れ死ぬのである。〝貝に挟まれ溺れ死に〟となると、女に溺れて失脚？　なんていう考えもできなくはないが、その亡くなった場所、阿邪訶は伊勢の隣、松阪市の阿坂《あざか》であると伝えられている。

阿坂にはふたつの阿射加《あざか》神社が建つ。どちらも広大な敷地面積を持ち、サルタヒコの地元での人気、愛される人物像が浮かび上がってくるようだ。


サルタヒコゆかりの神社を訪ねる　合田道人厳選！　パワースポット神社の行き方

（椿大神社）
三重県鈴鹿市山本町１８７１　（０５９）３７１‐１５１５
ＪＲ四日市駅より三重交通バス椿大神社行き約60分
（二見興玉神社）
三重県伊勢市二見町江５７５　（０５９６）４３‐２０２０
ＪＲ参宮線二見浦駅より徒歩約15分

（猿田彦神社）
三重県伊勢市宇治蒲田2・1・10　（0596）22・2554
JR伊勢市駅・近鉄宇治山田駅・五十鈴川駅、各駅より三重交通バス「猿田彦神社前」下車、各駅よりタクシー約10分

（阿射加神社）
①三重県松阪市大阿坂町670　（0598）23・7711
松阪駅より、小野行きバス「大阿坂」下車徒歩約3分　（松阪市観光協会）
②三重県松阪市小阿坂120　（0598）58・1291
松阪駅より、小野行きバス「阿坂小学校前」下車徒歩約15分

降臨場所は宮崎の高千穂!?

さて天孫降臨の場所といわれる高千穂の峯といえば、まずは九州・宮崎県の高千穂。

ここが降臨の地ともされる槵觸神社

ニニギはここで稲千穂を抜いて籾《もみ》にして四方に投げ飛ばした。すると空が明るくなり、月も輝き出した。この故事が高千穂の名につながったのだ。ニニギという名前は「稲穂がにぎにぎしく生い立っている」という意味を持つ。

高千穂峡など観光名所も数多いが、降臨したといわれる久士布流《くしふる》の名を持つ神社が高千穂にはある。ズバリ！　槵觸《くしふる》神社。

昔から神の山として槵觸峯《くしふるみね》を御神体としていた場所に社殿が建ったのは、元禄7（1694）年。ニニギはじめアメノコヤネ、フトダマ、平定したタケミカヅチ、フツヌシの武道の神を祀るが、凛《りん》とした氣のうごきが手に取るように分かる。

さらに天上界を遥拝したとされる高天原遥拝所は、威厳という表現がぴったり。

そして、降臨したあとの宮殿では？　と思われるのが、ニニギとこのあと登場の妃神《きさき》、サクヤ姫らを祭神とする高千穂神社である。古くは、高千穂皇神社とされ、御神木の秩父杉は樹齢800年で幹回りは7・5メートル、高さ55メートルもある。

この神社は、何かをリセットしてくれる氣を放ち、再スタートを切るにはもってこい。

同時に忘れかけていた大切なものをしっかりと教えてくれる力も与えてくれる。

降臨場所はここ　合田道人厳選！　パワースポット神社の行き方

（槵觸神社）
宮崎県西臼杵郡高千穂町大字三田井713　（0982）72-2413
高千穂バスセンターから徒歩約10分　（高千穂神社）

（高千穂神社）
宮崎県西臼杵郡高千穂町大字三田井1073　（0982）72-2413
高千穂バスセンターから徒歩約15分

高千穂峰に突き立つ天の逆鉾

こちらも有力! 降臨場所、霧島でいただく絶大パワー

高千穂とともに「ここぞ、天孫降臨の場」といわれているのが、宮崎県と鹿児島県にまたがって聳《そび》える霧島連山の高千穂峰である。

この山頂には天降りしたとき、ニニギが突き立てたと伝わる天《あま》の逆鉾《さかほこ》が残されている。

まあ、これはのちに突き刺したものともされるが、この逆鉾を神宝とするのが霧島《きりしま》東《ひがし》神社。

霧島六社のひとつである。さらに「ここぞ、降臨の場所」と肌で感じる場所が、「天孫降臨神籬《ひもろぎ》斎《さい》場《じょう》」である。高千穂河原にニニギを祀る霧島岑《みね》神社の古社址である。

ここだ！と感じさせる神籬斎場

鳥居越しの社殿は神秘的

ここの空氣はどう表現すればいいだろう？

何かが違う。違いすぎるのだ。

宮は建っていない。ただ鳥居をくぐると別もののパワーに押し潰されそうになる。

そのままっすぐ進むと磐座《いわくら》がある。人生で幾度かしか体験したことのない、「ああ、ここだ」と感じさせる崇高なエネルギー。その独特な雰囲氣は、〝何かがそこにいる〟としか言いようがない。

はじめてここを訪ねたときの驚きと感激は前著に譲るが、何度訪れてもここには〝何かがいる〟〝何かがある〟のだ。言葉では言い表わせない〝何か〟が。おそらくそれが、神がここに住んだ証しなのだと思う。

霧島岑《みね》神社は元々、高千穂峰と火口の中間に

朱色の社殿と森の緑のコントラストも鮮やかな霧島神宮

祀られていたという。しかし噴火で焼失しこの場所に遷された。だが、ここもまた噴火に遭って、文明16（1484）年に東山麓の宮崎県高《たか》原《はる》町に霧島東神社、西山麓の鹿児島県霧島市に霧島神宮が置かれた。

霧島神宮は、朱色で織りなす社殿の秀麗な美しさに息を呑む。

天孫から四代にわたる直系の神々とその妃《きさき》を祀り、伊勢神宮に次ぐ由緒ある神宮と称するだけあり、その豪華な存在感にいつも圧倒されてしまうのだ。

どうしても、ニニギ一行は霧島の高千穂に降りたのでは？　と思う理由のひとつとして、一行が高千穂峰に降りたときニニギが告げたある言葉に感じる。

「ここは、はるか韓国《からくに》が見え、近くは笠沙《かささ》の岬（御前《みさき》）に通じる、朝日夕日も輝くよい土地である」。そう言い賞賛したと記されるのだが、宮崎の高千穂からも霧島の高千穂からも実際には朝鮮半島を見ることはできない。しかし霧島山の最高峰は、霊峰・高千穂ではない。なんと韓国岳《からくにだけ》というのである。

山頂から韓の国、朝鮮半島が見えるほど高い山ということから、「韓国見岳《からくにのみたけ》」と呼ばれ、韓国岳になったという。今でこそ地図があるから、韓国は見えないということが分かるが、遠い遠い昔の話である。「あれぞ韓国」と思ったとしても仕方はない。

なぜに天孫降臨の際、韓国を引き合いに出したかは定かではないのだが、韓国岳を「韓国が見える」と表現したことは十分に考えられる。

天孫降臨の場所で独特なパワーをいただこう！
合田道人厳選！　パワースポット神社の行き方

（天の逆鉾が残るという　高千穂峰）
鹿児島県霧島市霧島田口高千穂河原
高千穂河原から徒歩約90分

（霧島東神社）
宮崎県西諸県郡高原町大字蒲牟田６４３７　（０９８４）４２・３８３８
ＪＲ高原駅から車で約15分
（高千穂河原　天孫降臨神籬斎場　霧島岑神社古社址）
鹿児島県霧島市霧島田口２５８３・12　（０９９５）５７・２５０５
ＪＲ霧島神宮駅から車で約30分
（霧島神宮）
鹿児島県霧島市霧島田口２６０８・５　（０９９５）５７・０００１
ＪＲ霧島神宮駅よりバスで約10分

第9章

サクヤ姫、火の中の出産

～コノハナサクヤ姫の出産～のあらすじ

ニニギはある日、笠沙の岬で世にも美しいコノハナサクヤ姫に出会い、求婚する。

天つ神からの結婚の申し入れに大喜びした姫の父親、オオヤマヅミは、サクヤの姉である石長比売《いわながひめ》（イワナガ姫）も一緒に嫁がせたのである。

だがイワナガ姫は醜女《しこめ》だったため、ニニギは姉のほうだけは送り返してきた。父は慨嘆した。

と、いうのも二人を嫁がせたのには、ちゃんとした理由《わけ》があってのことだったからだ。

この一件がその後、天つ神の子孫や人間の寿命を決めることになってしまう。

さてサクヤ姫はニニギと一夜の契りだけで子を身ごもる。しかし、ニニギは「そんなはずはない」と疑いの目を向けたのである。サクヤ姫は悲しみながらも、ニニギ以外との子であれば無事には生まれては来ないだろう…と、言いながら産屋に自ら火を放ち、出産するのである。そして猛火の中で生まれた子供は、まったくの無傷だった。

姉とも結婚していたら不老不死になっていた⁉

日向の高千穂の峰に降臨したニニギはある日、国土視察で笠沙の岬に向かった。そこでコノハナサクヤ姫に出会うのである。そして恋に落ちた。ニニギが降臨時に赤ちゃんであるという説はここで完全に崩れることになる。つまり、すでにニニギは立派な青年に成長しているのだ。

「あなたは誰の娘か？」と訊ねると、「私は山の神、オオヤマツミの娘です。名はコノハナサクヤ姫、神阿多都比売《かむあたつひめ》（アタツ姫）とも申します」と答えている。

さて、この姫の別名であるアタツ姫の「アタ」は薩摩半島の阿多郡阿多郷（現・南さつま市）に由来する。

阿多は古代南九州に住む隼人《はやと》とよばれる部族たちの根拠地である。この女性は隼人の祖先とされる女首長と考えられるのだ。

隼人は鹿児島に土着した南方系日本人と推察されるが、彼女に向かってニニギは「あなたと結婚したい」と早速、プロポーズするのだ。その報を聞いた父のオオヤマツミは、喜び勇んで、姉のイワナガ姫もともに献上したのである。

ところが、サクヤ姫だけではなく醜い顔をした姉のイワナガ姫も一緒に嫁いできたので、ニニギは困惑した。それどころか、イワナガ姫のあまりの醜さに恐れをなし、宮殿にあげることもなく送り返してしまった。

姉だけが帰されてきたのを見て父は落胆する。

「イワナガ姫をそばに置くことで天つ神の御子は、雪が降っても風が吹いてもびくともせず、岩のように頑丈な永遠の寿命を持つことになり、サクヤ姫をそばに置くことで、木の花が咲き誇るように繁栄するよう願いを込めた」という考えがあったのだ。

「しかしこのように、イワナガだけを返してサクヤだけを娶ることになったということは、命は木の花のように儚《はかな》くなってしまう」

このときから、天皇の命も人の命も短いものになったという。もしもイワナガ姫を帰していなければ、人間は不老不死になっていたということになる。

実はこれ、東南アジアによく見られる「バナナ型神話」というものに似ている。それは神が人間に石とバナナを与えたが、バナナを好んだので果実のように短命になったとするもので、このあたりもサクヤ姫の家系が元は、南方系であったことを表わしているのかもしれない。

そのイワナガ姫を祀る神社として、山奥にひっそりとたたずむ銀鏡《しろみ》神社を訪ねる。

イワナガ姫は家でこっそり自分の顔を鏡に映した。しかしその醜さに思わず自分で鏡を投げ捨ててしまう。すると鏡は龍房山《りゅうふさやま》の木に引っ掛かり、山を白く照らしたという。

さらに静岡県賀茂郡の雲見浅間《くもみせんげん》神社は、標高わずか162メートルの烏帽子《えぼし》山に鎮座する。地元では「烏帽子山が晴れると富士山が雲に隠れ、逆に富士山が晴れれば烏帽子山付近の天候が悪い」と伝わる。姉妹の対決が浮き彫りにされているが、同時に人を差別してはいけない、人は平等だということを、身をもってイワナガ姫が教えている気がする。

ではどうしてサクヤは富士山の神様になったのだろうか?

美しく可憐なイメージを持つ妹・サクヤ姫だが、その一方で後述するが火を自ら吹き出すような激しい気性を持ち合わせていた。その気性の裏表と父が山の神と崇《あが》められるオオヤマツミであることから、その後、各地にある富士山の富士浅間神社の祭神として祀られることになったのだ。

日本一という気高さ、秀麗な姿で人を魅了したかと思えば、いきなり噴火して火の山に変身する。まさにサクヤと富士は一体化している。

富士山本宮浅間神社の歴史は古い。第七代目の孝霊《こうれい》天皇の時代に富士大噴火があり、それに怯《おび》えた人々が土地を離れた。このまま国が荒れ果てることがないように、浅間大神《あさまのおおかみ》を祀って鎮めたのである。ここは春の桜のお花見でも有名な神社である。桜の化身はサクヤだとされるのだ。〝咲くや〟だ。パッと咲いてパッと散る、美しいけれど儚い命を表しているのだ。

コノハナサクヤ姫にまつわる神社　合田道人厳選！　パワースポット神社の行き方

（イワナガ姫が祀られる　銀鏡神社）
宮崎県西都市大字銀鏡518　（0983）46-2123
西都市役所から車で約60分

（雲見浅間神社）
静岡県賀茂郡松崎町雲見386-2　（0558）42-0745
伊豆急下田駅より東海バス松崎・堂ヶ島行き50分、（松崎町観光協会）
「松崎バスターミナル」で雲見入谷行きに乗り換え20分

（美しい姿と激しい気性の両面を持ち合わせたサクヤ姫を祀る　富士山本宮浅間神社）

静岡県富士宮市宮町1‐1　（0544）27‐2002
東名・富士ICより車で約20分、身延線富士宮駅より徒歩約10分

ニニギとサクヤの墓は存在する！

さてニニギとサクヤが出会った場所は、一体どこだったのか？　宮崎県西都市《さいとし》には、逢初川《あいそめがわ》という川があり、ここがそうだといわれる。

西都市近辺は特にニニギとサクヤの伝承が多く伝わる。

西都原《さいとばる》は古墳密集地帯で三百基を超える古墳はその多くが三世紀から七世紀のものとされる。一面が古墳であるこの場を訪ねると、タイムスリップして古代にやって来た感覚に陥る。その中で最大級の古墳とされるのが、男狭穂塚《おさほづか》と女狭穂塚《めさほづか》。これは宮内庁直轄のニニギとサクヤの陵墓参考地である。またニニギとサクヤが新婚時代を送ったとされる場所近くに建っているのが、都萬《つま》神社。

ニニギの墓とされるものが残る西都原古墳群

祭神はサクヤ姫だが、ニニギが一目惚れして求婚したということから、ここを詣でると突然の告白が縁となり結婚という、ちょっと趣《おもむき》を異《こと》にした縁結びの神社である。

3人の子が生まれるが育てるのに母乳だけでは間に合わず、甘酒を作り飲ませたという伝承もあり「日本清酒発祥の地」の碑も立つ。現に

この近くには酒元《さかもと》という集落もあり、ここらを昔は笠沙碕《かささささき》とよんでいたから、御陵の信《しん》憑性《ぴょうせい》もさらに高まる。

一方で笠沙の岬なのだから、東シナ海に突き出た現在の南さつま市笠沙町こそが舞台だともされる。ここにある野間《のま》岳の山頂近くにある野間神社の祭神は、サクヤとニニギ、さらにこれから生まれてくる子神たちだ。昔は、東宮と西宮に分かれており、西宮の神は、中国の女神、娘媽《ニャンマ》だったとされる。どこかオリエンタルなイメージを漂わせている。

急に告白され結婚に至るケースにあやかりたい　合田道人厳選！　パワースポット神社の行き方

（都萬神社）

宮崎県西都市大字妻1　（0983）43-1238

西都バスセンターから徒歩約15分

（ここぞ！　出会いの場所？　野間神社）

鹿児島県南さつま市笠沙町片浦4108　（0993）64-2009

南さつま市笠沙支所より6・5キロ　（南さつま市野間池出張所）

一度の契りで身籠った？

さてそんな二人は、たった一夜の契りだけで子が授かった。

サクヤはニニギに向かって、「私はあなたの子を身籠《みごも》り、もう臨月になりました。天つ神の御子ですからこっそり産むわけにも参りませんのでご報告にあがりました」と言うと、ニニギは喜ぶどころか、疑いの目を向けた。「たった一度の契りで子を身籠るとは、にわかには信じられん。もしやほかの国つ神の子ではないのか？」

随分とニニギは、ひどいことを言ったものだ。一度の性交であっても身籠るものは身籠るのだ。けれど、そんなことよりなぜサクヤは臨月になるまで夫に報告しなかったのか？臨月であれば相当、お腹も目立つのではないか？　まして生まれくる子は3人である。3つ子であればなおさら、お腹は目立つはずだ。ニニギはどうして妻の異変に気づかなかったのか？

おそらくこれは、二人は一緒には住んでいなかったという証拠だと思われてくる。では笠沙の岬で一目惚れして、その場限りの快楽の果ての妊娠だということになるのか？　そのまま放置して、子供ができたから「あなたの子です」とサクヤが詰め寄ったとでも言うのか？

ただ一緒に暮らしていなかったというのであれば、臨月になっていきなり「あなたの子供です」と詰め寄られても、にわかに信じろというほうが土台無理な話ではないか。

しかしこの「一夜限り」を一夜妻と解釈してみてはどうか？

今こそ、一夜妻は不倫や浮気のイメージがつきまとう言葉だが、実際は神とそれに仕える巫女《みこ》が契りを交わし、神の子を産む聖なる結びをさすのである。

つまりニニギとサクヤは事実上の結婚はしていなかった。この状況下までは少なくとも第一夫人ではなかったということなのではないか。悲しい言葉をかけられたサクヤだったが、そんなことにはびくともせずニニギの目を見返しながらこう告げた。

「もし私が産む子が国つ神の子であれば無事に生まれることはないでしょう。しかし、神つ国、あなた様の子なら無事に生まれるでしょう」。そう言い放つや、産屋を建てそこに入り、出産を始めた。そのとき、自ら産屋に火を放ったのである。

これは身をもって潔白を証明するひとつの手段だった。と、同時にこれは自信の表われでもある。ニニギ以外とは少なくとも懐妊以来、誰ともセックスをしていないという彼女にしか分かりえない真実が自信の表われとなって、自分で火を放つという行動に出たのだろう。

本当に火をつけてしまっては、それこそいくら神の力があっても焼死してしまう危険をはらむ。イザナミが火の神を産んだときも、女陰の火傷が因《もと》で命を落としているのだ。

では火の中での出産とは、何をさしているのだ？

出産時に火に包まれるという表現なのである。つまり、これ以上の苦しみはないということだ。難産を意味しているのではなかろうか？

火を噴くほどの苦しみの中で、無事にサクヤは火照命《ほでりのみこと》（ホデリ）、火須勢理命《ほすせりのみこと》（ホスセリ）、日子穂穂出見命《ほこほほでみのみこと》またの名を火遠理命《ほをりのみこと》（ホヲリ）の3人の子を産んだということだろう。無事にニニギとサクヤは、お父さんとお母さんになったのである。無事に出産したというのはまぎれもなく、ニニギの子である証明がここに記されることになる。

西都市には産屋の跡という無戸室《うつむろ》や、子供たちの産湯に使ったという児湯《こゆ》の池、二人が住んだ八尋殿《やひろでん》の跡が今も残り、なんだかやけにわくわくしてくる。西都市では古墳や都萬《つま》神社も含め、ここ一帯を「記・紀の道」としているのだ。

こうして火の中で生まれた三兄弟の話から次の章の海幸山幸の話へと移るが、天孫降臨の神はサクヤ姫と結ばれただけで、ほかに姫君の名が出てこない。世代交代とともにニニギの消息がプツリと途切れてしまうのだ。

そこを『日本書紀』はこう述べているのだ。

3人の息子が生まれた後、しばらくしてニニギはおかくれになり、筑紫の日向の可愛《え》の山の陵に葬られた。早死にだったのだろう。これもイワナガ姫の悲しい思いが発端なのだろうか？

ニニギの陵といわれるものは、西都市の男狭穂塚のほかにも何ヵ所か点在している。

サクヤが命がけで火の中で産んだホデリ、ホスセリ、ホヲリの三兄弟は、やがて自然に恵まれた国土を司るようになる。その中で次男のホスセリは誕生のときに神話に名が現われるだけで、その後は登場しない。ところが長男と三男は海幸彦、山幸彦として神話を飛び越え昔話やおとぎ話の主人公として君臨し

ここが出産場所といわれる無戸室跡

ていくのである。

漁師と猟師の兄弟

兄の海幸彦は、どんな魚も釣ることができる釣針を持ち、弟の山幸彦はいろんな獣を獲ることができる弓矢を持っていた。つまり腕のいい漁師と猟師だった。おそらくニニギの息子として、その手の名人たちが二人に大勢仕えていたということなのだろう。

ある日、山幸彦は兄に向かって「狩りの道具を交換してほしい」と懇願した。魚を獲る兄の仕事が気になって仕方がないのだ。それに対して兄は、「何を申す。命より大切なものだぞ」と断るが、しつこく何度も願い入れてくる。ようやく兄を根負けさせてホヲリは意気揚々と海へと出かけたのである。

ところが一向に魚は釣れない。はたして兄のほうも弟の弓矢で獲物を仕留めようと山に入ったものの、やはり不猟だった。つまり漁師には漁師の、さらに猟師には猟師の勘と熟練された腕が必要なのである。まさに〝餅《もち》は餅屋〟なのである。

ところがホヲリは、兄の釣針を失くしてしまうのである。兄に正直に失くしてしまったことを告げると、兄は大いに憤慨し、針を探し出すように命じたのだ。兄はここで聞き分けのない悪党というイメージがつけられてしまうが、普通に考えたら弟のほうが断然悪い。

「早く返せ」と責められ、仕方なく弟は自分の持つ十拳《とつかの》剣《つるぎ》を潰《つぶ》して、500本も1000本もの針を作ったが、兄はそれでも許してくれない。

〝弘法筆を選ばず〟とはいうものの、それでも最大の武器となるはずの筆はある。釣針だってそうだろう。ちょっとした針先の曲がり具合が海での勝負を左右するはずである。

「海の底まで探してでも、絶対に取り戻せ！」

弟は困り果てて海辺でひとり、しょんぼり肩を落としながら泣いていた。するとそこに老人が現われ、「天つ神の子が何を泣いておられるのじゃ」と話しかけた。老人の名は、塩椎神《しおつちのかみ》（シオツチ）といい、風采《ふうさい》はさっぱり上がらないが、こと海のことに関しては知らないことがない神だったのである。潮の流れや魚の居場所などを知る、漁師の長老、古老といった存在だろう。多分、兄もこの神のような老人にアドバイスされて、海幸彦と人々によばれるようになったと推測される。シオツチは、海幸彦側の師とも、手下とも仲間とも考えられよう。大将である海幸彦を救うために山幸彦に知恵を授けるのだ。「ワタツミの国に行けば、何か手がかりがあるだろう」という言葉どおり、ホヲリは海の国へと船を出すのだった。

これは何のたとえだろうか?

たとえば、道具の交換という話が、お互いに仕えている腕利きの者同士の交換だったとしたらどうか。武士の世界でいうところの参謀であり側近であり、いわば右腕という位置づけの人間だ。

山幸彦は慣れない海で漁をすることにした。しかし、海幸彦の一番弟子か腹心が隣に一緒にいてくれれば何かと安心である。ところが海が急に時化《しけ》出し、船は転覆した。

おそらくその前から天気の異変などに気づいた腹心は、わが大将の弟君に向かって、「そろそろ海が危ないですぞ」と意見した。だが「面白いほどに釣れるわい!」とホヲリは楽しんでいる。海の怖さを知らないのである。天つ神の子である山幸彦を転覆から何とか救い出した。しかし、彼はそのまま海の藻屑《もくず》と消えてゆく。そのまま死んでしまったのか、行方知れずになってしまったか。

または海賊が現われたため、天つ神の子である山幸彦をかばい相手に連れ去られてしまった、または戦いの末に殺されてしまったとしたら、どうだろうか？

山幸彦にとっての弓矢、海幸彦にとっての釣針とは、まさに最大の武器となる部下たちだったのである。命からがら陸へとたどり着いた弟は、兄に「申し訳ないことをした。私のせいで兄の大事な片腕ともいうべき人を亡くしてしまった」と詫びた。

兄のために500人も1000人もの手下の集団を剣の力によって、つまり戦いで服従させて兄の元へ送ってはみたが、計画を一緒に企てて海を自由に操《あやつ》る側近はそう簡単には見つからない。

「あいつを返せ！」と言うだけの意味も通じてくる。

山幸彦は途方にくれ、シオツチに泣きつくのである。シオツチとて兄に知恵を授けていた重臣のひとりなら、やり手だった兄の腹心をもう一度、連れ戻してやりたかった。弟を海の国に向かわせる知恵を与えたのだ。

アイディアマン、シオツチの次なる計画とは？

山幸彦ことホヲリが困っていると、シオツチ老人は「針を探すなら海の国、ワタツミ（海神）のもとへ行きなさい」と、竹かごで舟を作ると、「私が舟を押したら、まっすぐお進みなさい。しばらくするとよい潮流に遭うので、そのままゆくとワタツミの御殿につきます。そこで門の泉（井戸）のところの桂の木に登ってお待ちなさい。しばらくするとワタツミの娘が現われ、解決してくれるでしょう」と言って、舟を海へと押し出した。

舟とは、助け舟という意味合いを含んでいる。

では竹で作るとはどういうことだろうか？

昔、竹は神秘的霊力を持っていると信じられていた。生長の速さ、生命力の強さ、さらに空洞になっている竹の節などの特異性が神秘的な力を連想させたのだ。

実はこの兄弟の母、サクヤ姫は火の中での出産のとき、竹で作った刀でへその緒を切ったとされ、その捨てた竹の刀がたちまち竹林になって産室になったという。

もともと、竹細工などにかかわる人々は海洋民族であった。九州南部の隼人《はやと》族は南洋諸島の竹細工技術を手に日本に移り住んだと見られているのだ。

ちなみに海幸彦こと長兄のホデリは、そののち宮廷の警護役をつとめる隼人阿多君の祖先にあたる。阿多は母・サクヤの故郷である。母の出産にも海の国に渡る竹舟にしても、日本にはなかった竹細工の技術者の力があったことを、表現しているのだ。

これは昔話の「かぐや姫」こと「竹取物語」にも通じていくから興味は尽きないが、その竹で作った舟に乗ったホヲリは、シオツチが言ったとおり潮の流れに乗ってどんどん進んでいった。すると、魚の鱗《うろこ》のように屋根を葺いた光り輝く海の彼方の神の宮殿に着いたのだった。

庭にある門のそばの泉のかたわらに立つ桂の木の上で待っていると、侍女《じじょ》が水を汲みに来た。そのとき井戸の水に高貴な若者が映りこんだ。それをワタツミの神の娘、トヨタマ姫に伝えると姫が外に出てきた。二人は目と目を合わせた瞬間、恋の虜《とりこ》になったのである。

父であるワタツミの神は山幸彦を見るなり、〝天つ神の子〟であることを見抜き、歓待して二人の婚儀を執り行なうのである。

住吉三神などをワタツミというが、ここに登場するワタツミは、オオワタツミ。海神トヨタマヒコだということは以前にもふれた。トヨタマヒコは海、海原そのものをさすともいわれるが、はたして海底の城で天つ神の子が結婚したとなると話はややこしい。

大海原を自由自在に支配していた水軍や海に浮かぶ島に住む集団だったと考えるのが妥当。つまりこれは海人族をさしているのだろう。

魚の鱗のように光り輝く屋根（千木）を持つ屋敷とは、日本の家屋ではないようだ。琉《りゅう》球《きゅう》から南下していった南方諸島をイメージできるではないか。

実はインドネシア、ミクロネシア、ポリネシアなど南方から黒潮に乗って来た渡海人、海洋民のことを海人族とよんでいたのである。それら海人族によって日本に漁労や航海、運輸、塩作り、水田稲作といった技術が運ばれてきたことは知られている。

そうなると漁労、航海、製塩の神であり、竹細工の腕を持ったシオツチの翁も南方あたりの出身者であったと考えられる。そのシオツチが海神の館に導くのだ。

つまり、「私が舟を押す」という表現は、シオツチが自ら舟に乗せて、故郷の海人族の館まで連れて行ったとするほうがより納得できる。ホヲリを門の泉の桂の木の上で待たせるうちに、シオツチは海人のボス、つまりワタツミと話す。

「日本の国を将来、まとめてゆくことになるであろう天つ神の血を引くホヲリ様をここにお連れしました。さらに彼の母君は同じ海人族、南方のご出身者です」

泉と桂は人間界と他界の境であることを象徴している。

泉、井戸は水の神、龍神の住む処《ところ》であり、いわゆる竜宮城へ通じると考えられていた場所でもある。竜宮城といえば「浦島太郎」を思い出すが、実はシオツチの手引きで海の城にやってきたホヲリは、まるで浦島のような人生を歩むことになるのだ。

さらに桂の木は、葦原の中国《なかつくに》平定のときにも出てくる。アマテラスが使者であるワカヒコの様子を見に出雲の地にキジを派遣する話で、キジが止まった木こそ桂だった。その後、ワカヒコは死んでしまう。やはり桂にも人間界と他界の境目という意味があるのだ。

この海国への訪問は、人間界と海の世界という話になっているが、これはまぎれもなく日本の国と外国との境界線という意味だと考えれば筋は通る。シオツチ、塩土とは海と土、つまり海と陸との橋渡しの役割を持つ人間だったと私は考えるのだ。

シオツチがホヲリを待たせているうちに話をつけたからこそ、井戸にやってきた侍女はじめ、トヨタマ姫もワタツミも、ひと目見ただけで「高貴な人」「天つ神の御子」と納得したのである。今後発展するであろう日本を予測したシオツチは、ワタツミにホヲリと姫の結婚を薦《すす》めたのだ。

さすが知恵とアイディアを授けるシオツチ翁だけのことはある。そしてもうひとつ条件を出してシオツチはまた、得意の舟の操縦で日本へと帰ってゆくのである。

失くした釣針発見！

ホヲリは母にもよく似たトヨタマ姫を愛しいと思った。そして二人の愛の生活が始まる。実は兄の釣針をここに探しに来たはずなのに、そのことも忘れて愛に溺れ、いつしか3年の月日が流れていた。ここが「浦島太郎」と似ている部分なのである。

私の『案外、知らずに歌ってた　童謡の謎』（祥伝社）にもあるが、竜宮の3年間は、実際には300年だったり700年だったりするが、（実際は347年と書いた）こちらホヲリの話、そこは3年は3年だが、こんな話がベトナムに伝わる。

昔、日本の若者が何日も漂流した挙句、陸地にたどり着いた。浜の女たちの手厚い介抱のおかげで回復し、じきに帰国した。そういえば日本で描かれる竜宮城の乙姫の服装は、ベトナムの女性が着るアオザイにそっくりではないか。

ワタツミの国、トヨタマ姫の御殿はベトナムにあったとか？　フエの王宮なんかは、そういえば魚や龍の装飾に彩られているではないか。

さて浦島さんは故郷を出たまま置いてきてしまった日本の父と母が急に心配になり、3年後に亀に乗って帰ってくるが、ホヲリは急に釣針の件を思い出し、大きなため息をつく。今まで幸せな毎日だったのに、急にため息をついたことに姫は心配し父に相談するのだ。そして舅《しゅうと》が聞き出すと山幸彦が釣針の経緯を一部始終、話すのである。

でもこれも考えればおかしな話である。たとえいくら愛の生活が楽しかったとしても、自分がここまでやってきた理由を3年間も忘れていたとは何ごとだ！　いささか、おかしい。でもこれだったらどうだろう。

最初にここにきたときに、義父や嫁には当然この話をした。釣針ならぬ兄の右腕的存在だった男をどうしても探し出してほしいと…。おそらくどこかの海賊の一味に連れ去られたはずだ。その後、どうなっているかだけでも探し出して兄に報告しないと、私は日本に帰っても兄と戦うことになるだけだろう、と。

ずっとそのことは気になっていたし、義父も懸命に捜索していた。もしかするともっと早くに結果は分かっていたかもしれない。しかし、娘は彼を愛していた。せめて彼との間に子供ができるまでは放っておこうとしたのかもしれない。

それがとうとう3年後に「お義父《とう》さま、兄の腹心はまだ見つからないのでしょうか?」と問い詰めた。または娘の懐妊を知ったことで、ワタツミ神が教える気になったのかもしれない。

『古事記』ではワタツミの神が、山幸彦の悩みを聞いて海中の魚を集め、釣針を飲み込んでいる魚の情報を集める。すぐさまタイが釣針を飲み込んでいることが分かり、これを抜き取り、山幸彦に渡すのである。

タイといえば、国の両側を水で囲まれる古い歴史を持つタイ国にいたということだったりして?『日本書紀』の一書には、タイではなく「イナが針で口を痛めています」というので、調べてみると口から兄の釣針が発見されたという。

イナとは通常ボラとよばれる。タヒチアン・ダンスでおなじみ、タヒチ島なんかがあるのはボラボラ諸島というから、そんな島の海人族に捕まっていたとか? さらにイナに通じる地名があったかもしれない。

どちらにしても針を、いや海幸彦の大切な人間を海人族の主であるワタツミのひと言で手渡してもらえたと解する。

そして兄にこれを返すとき、「おぼ鉤《ち》、すす鉤《ち》、まぢ鉤《ち》、うる鉤《ち》」と呪文を唱えること、兄がそれでも許さずに意地悪な行動に出たら、潮満《しおみ》つの青玉、謝《あやま》ったときには潮涸《しおが》れの赤玉を使いなさいと二つの玉を渡したのだ。

そしてホヲリは3年ぶりに、ふるさとへ帰還した。それもワニの背に乗って。

ワニとは一体、何のことだったか、正体解明はこのあとすぐ！

とうとうご帰還！

ワニの背に乗ったホヲリこと山幸彦が、戻ってきた場所とされるのが宮崎市の青島《あおしま》神社である。周囲1・5キロの島は弥生橋でつながっているが、江戸時代までは神の住まう禁足地とされていた。

島に渡ったとたん、急に南国の風が吹いてくるような気がする。歩いていくと見えてく

鬼の洗濯岩と青島の赤い鳥居

るのが、昭和９（１９３４）年に国の天然記念物に指定された鬼の洗濯岩。

これは中新世後期というから、約７００万年前に海中でできた硬い砂岩と軟らかい泥岩が繰り返し積み重なった地層である水成岩が隆起し、長い間に波に洗われ、硬い砂岩層だけが板のように積み重なって見えるようになったものだ。ここから見る朱色の赤い鳥居もまた印象的である。

鳥居をくぐると一層、南国ムードに包まれる。ここの祭神はホヲリでありトヨタマ姫、そしてシオツチの神なのだが、なぜかしら「ここは日本じゃない」という独特な氣を放つ。ビローなど熱帯、亜熱帯の植物が群生し、いかにも熱帯地方のヤシ群落を思わせるのだ。

本殿から右手奥に入ってゆくと原生林が一層生い茂り、昼間も暗い自然の演出にドキリとさせられる。ここは青島神社の元宮と伝えられる場所。元宮跡からは弥生式土器や獣骨なども出土した祠があり、ここで祭祀が行なわれていたものと推定される。その独特さがほかの神社には感じられないものを発散させているのだろう。

　ここでは毎年成人の日に、裸踊りという祭りが催される。男性は褌《ふんどし》、女性は白襦袢《しろじゅばん》姿で海に入り、禊のあとに参拝するのだ。これは海から突然帰ってきた山幸彦を海で働いていた人々が、衣服を着ける間もなく急いで出迎えたからといわれる。

　山幸彦のご帰還は人々を歓喜させたのだ。山幸彦を何だかんだと理由をつけ、海の彼方に追いやったあと、海幸彦の傍若無人な振る舞いに人々は耐え切れず疲れていた。

　大事な釣針を返すとき、山幸彦はワタツミの神に教わったとおりの呪文をかけて兄に手渡した。しかし、兄はそれを「本物なのか？」と疑うのだ。

　それもそのはずだ。呪文の意味は「おぼ鉤《ぢ》」の〝おぼ〟は、ぼんやりする様をさし、〝すす〟は慌てることをいう。さらに〝まぢ〟は貧しく

青島沖神社の奥宮に群生するビロー樹

なるという意味となり、〝うる〟は愚かなとなる。

これを人間にたとえたとしたら、困ったものである。誘拐され、言葉も通じない場所でおそらく重労働を強いられた海幸彦の右腕だった男は、悲しい3年間をすごし、ぼんやりとした、愚かな人物になっていた。てきぱきとホデリの部下として働いていた面影はすでになく、仕事をしても慌てふためくだけで効率は上がらず、彼のせいで海幸彦はどんどんと貧しくなっていったのである。

魚が獲れないので、兄は高い場所にある土地に田を耕した。すると弟は低い土地に田を耕す。結果は弟だけ豊作となり兄は不作。それならと兄が低い土地で田を耕すというので、弟が高い土地に移ると、またまた弟側の土地だけが実るのだ。

とうとう兄は貧乏のどん底になってしまった。

「こうなったのは全部、ホヲリのせいだ」と叫ぶと、弟に向かって戦《いくさ》を仕掛けてきたのだ。しかし、それもワタツミから授けられた霊力でこともなく決着させるのである。

霊力とはつまり戦力。人員の力でもあろう。3年間かけて探し出した兄の側近も、「愚か者！　役立たず！」となじられ、すでに弟軍に寝返っていた。兄の隊に向かって、ホヲリは〝潮満つの青玉〟を水に付けて、「海の潮よ満て！」と叫んだ。たちまち潮は兄の軍勢を飲み込んでいった。潮が満つるように、弟の軍たちは一気に押し寄せたのだ。

しばらくもがき苦しんでいた兄は、「降参だ！　服従するから助けてくれ」と許しを求めた。ホヲリが、潮涸れの赤玉を水に付けると、今度はさっと潮が干《ひ》く。弟が「引け～」と大声で叫ぶと、まるで干潮時のようにさっと勢は手をゆるめた。

しかし、そんなことではへこたれない。兄は逃げながら、軍を立て直しふたたび攻めに入る。前言を撤回し、「弟の手下に成り下がることなどできるものか」と叫びながら突進してきた。

弟軍もそれに立ち向かう。ふたたび青玉の力とともに満潮時を思わせる速い速度で突進すると、もろくも兄軍は弟の手勢から逃れることはできず、完全に負けを認めたのである。「これからはあなたを護衛する役目をつとめましょう」。

こうしてホヲリは、水の神とされ国の王者の座に君臨し、兄であるホデリの子孫たちは隼人とよばれ、宮殿の警護役をつとめることになるのだ。

今でもホデリの子孫たちは、大嘗祭《だいじょうさい》などの儀式で国風歌舞《くにぶりのうたまい》とよばれる隼人の舞を演じる。水に溺れながら、もがき苦しむ様は戦いの苦しみと悲しさ、くやしさまでも表現しているかのようだ。

古くは隼人と熊襲《くまそ》は同じだという見方もあるが、熊襲は『日本書紀』で反抗的な悪役であり、隼人は早くから天皇の近習にあったとされている。

山幸彦が帰ってきた南国ムードの神社　合田道人厳選！　パワースポット神社の行き方

（青島神社）
宮崎県宮崎市青島2－13－1　（0985）65－1262
JR青島駅下車徒歩約10分

最終章

ワニの子供が天皇家を作る!?

～トヨタマ姫出産～のあらすじ

地上に戻って兄を服従させることになった弟、ホヲリのもとに、しばらくして海国の姫、妻として3年間一緒に住んでいたトヨタマ姫が地上へとやってくる。

実は姫のお腹には、ホヲリの子が宿っていたのである。「天つ神の子を海の中で産むことはできないと思い、ここまで追ってやって参りました」という言葉にホヲリは喜んだ。

トヨタマ姫は渚に鵜《う》の羽で葺《ふ》いた産屋を造らせたが、出来上がる途中で産気づいてしまう。仕方なく、まだ出来上がる前の産室に入っていった姫は、「異郷の者は子を産むとき、本国の形で産みます。ですから決して覗《のぞ》かないでください」と頼んだ。

だが、山幸彦は〝見るな〟の禁を犯してしまうのである。なんとトヨタマ姫の正体は、ワニだったのである。

それを見られた、トヨタマは「ずっと一緒にいたかったのですが、もはやこれまで」と悲しみながら海の国へと帰ってしまう。

その子はやがて大人となり子を生《な》し、天皇家へと続く血統となるのである。

乙姫、ワニに変身！

ホヲリはホデリとの戦いを終え、国を統治することになった。地上が落ち着きを取り戻した頃、海国に残してきた妻のトヨタマ姫が大きな亀に乗って陸に上がったのである。その姿を見てホヲリは大喜びして、抱き合った。亀とは男性の化身の隠語である。つまり大きな亀、護衛の男と一緒にやってきたということになろうか？

亀に乗ってきたということから、「浦島太郎」の中の乙姫《おとひめ》こそが、トヨタマ姫であるというよみ方もされてきた。

姫は「あなたがここに戻るとき、実は私は身籠《みごも》っていました。そして今、出産の時を迎えたのですが、尊い天つ海神の御子ですから、あなたの住むこの国で産むべきだとやってきました」と言い終えるとトヨタマ姫は、すぐ渚に鵜の羽で屋根を葺いた産屋を造らせた。鵜の羽は安産のお守りであるという考えが、沖縄から南洋諸島には根付いている。安産を祈願する鵜の羽で覆った産屋造りを一緒に連れてきた男たちに命じたのであろう。

ところが、その屋根が完成する前に姫は産気づいてしまったのである。

遠い海の果てからわざわざやってきたのである。亀にしてもそれが船であったとしても、振動を続けていたことに変わりはなかろう。それによって早産、出産が早まることは十分にあり得ることだ。

仕方なくまだ完成していない産屋に入ることにした。

そのとき、夫のホヲリに向かって、「これだけはお守りください。異郷の者は本来の姿に戻って出産いたします。ですからそれを見られたくはないのです。どうぞ決して覗いたりしないでください」と言うのである。

亡くなったイザナミと対面したときのイザナギがそうであったように、〝見るな〟と言われると、無性に見たくなるのが人間の心理だ。

誘惑に負けたホヲリの目に飛び込んできた光景は、なんと巨大なワニが産みの苦しみにのたうち回る姿だったのだ。そのあまりの姿の凄《すさ》まじさにホヲリは恐れをなし、その場から逃げ出してしまう。

ワニとは本当は何のたとえなのか？

トヨタマ姫の正体はワニだったというのだ。

神話に登場するワニは、まずは「いなばの白うさぎ」でうさぎがワニを騙して一列に並べ、その背中を跳んで島から陸へと渡るときに登場している。鳥取や島根では、サメのことをワニとよぶ話はしたが、ワニがサメだったというだけでは、現実性に欠ける。

次に出てくるのが、ワタツミの国から地上に戻るホヲリが送り届けられるときに乗ったのもワニだった。これもこの地に多く生息するサメのことだという説があるし、この時期にはワニが日本には生息していたという話もあるが、いくらなんでもその背中に乗って帰ってくるという話はなかろう。姫が出産のために乗ってきた亀が男性を意味するように、何かが隠されている。そして今度は出産時だ。

愛する姫がワニに変身して出産するとは、どういうことなのか？

異類種による婚姻は、昔話にもよく登場するが、わざわざワニと人間の子供が天皇家につながってゆくという話にする必要性はなかったのではないか。

ワニという名の付く豪族、氏族はいないだろうか？

それがいたのである。和珥氏《わにうじ》である。

しかし、和珥氏の本拠地は旧大和《やまと》国添上《そえかみ》郡和邇《わに》。現在の奈良県天理市和爾町付近である。また滋賀県南部の和邇という地名は、和邇川が比良山系から琵琶湖に注ぐ一帯をさす。古代、ここに和珥氏がいたとされる。

しかし、どう考えてもこの出産話の舞台は九州である。

まだ初代天皇も生まれていない時代の話だ。初代神武天皇が九州から大和へ向かうのもまだまだ先である。でも九州で発生して後々、移り住んだとは考えられまいか？

文献を見るとこんな一文があった。

和珥氏は6世紀頃に春日山山麓に移住し、春日和珥臣《かすがわにおみ》となる。

移住？　移住したとなれば、それ以前に住んでいた場所があるはずだ。奈良の天理には和爾坐赤坂比古《わにいますあかさかひこ》神社というのが建っている。そこの祭神に何か手がかりはないか？

あった。あったのだ。

祭神は赤坂比古命《あかさかひこのみこと》という。ところがその別名は、阿田賀田須命《あだかたすのみこと》だというのである。

阿田といえば、ホヲリの母、サクヤ姫の別名、いや本名と思われる阿多都比売《あたつひめ》に似てはいまいか？　さらに〝あた〟は薩摩半島の阿多郡阿多郷、隼人の根拠地ではないのか。早くも九州にたどり着いたのである。

さらに和珥《わに》氏とあるが、周囲に出てくる地名や神社名の〝わに〟は和爾の字を当てる。和珥臣は継体《けいたい》天皇の時代までに絶え果ててしまったとみられ、そこから分かれた有力な春日臣が仁徳《にんとく》天皇の時期に生まれ変わったとされるというのだ。

石上神宮《いそのかみじんぐう》祠官《しかん》の布留《ふる》氏《うじ》や富士浅間《せんげん》神社の社家、和邇部《わにべ》氏《うじ》はその後裔《こうえい》に当たるのだ。サクヤ姫を祀る富士浅間とワニの関係もここでちゃんと結びついているではないか。

そして元々この一族は、やはり、〝和邇〟という字を当てて、本来は海神族の祖神、トヨタマヒコ、つまりワタツミの大神の嫡統《ちゃくとう》だったというところに突き当たるのである。

つまり和邇氏は阿曇氏、海部《あまべ》氏と同じ海人族だった。それも古代、九州北部で航海を専門とする氏族だったというのである。九州との一致だ。

さらにひも解くなら、後期旧石器時代に、朝鮮半島から日本列島に渡来した一族だったのである。最初のうちは長崎の五島《ごとう》列島で、漁労や採集生活をしていたがその後、壱岐や対馬から、山陰地方にも進出していった。

と、なればオオクニヌシが救った白うさぎが陸へと渡ったワニも和邇族に違いない。

毛をむしられて丸裸ということは、白うさぎに見立てられる若い無垢な女性が、和邇の男たちに丸裸にされたという解釈も成り立ってくる。

ワニに乗ってご帰還したホヲリというのは、当然、和邇族の舟が用意されて帰ってきたということになる。これは木をくりぬいた舟、カヌーのことだったのではないかとも推測されるのだ。確かにカヌーの見た目はワニによく似ているではないか。ワニ形の舟に乗っていたからこそワニに乗ってきたとしたのではないか？

いや、こんな時代からカヌーなどというものが、あったのか？

ところが『古事記』『日本書紀』の時代の仁徳天皇の章に〝速く走る舟〟のことを「枯野」と表しているのだ。枯野を駈けてゆくほどに速い船と訳されているが、これを「カヌー」→「カノー」→「カルノー」と聞こえて漢字に当てたとしても不思議ではない。と、すれば「枯野」でも間違いではない。ところが『日本書紀』では「軽野」とより近くなっているから、可能性は高くなる。

ある意味、造船業や航海術の礎《そ》を日本に伝えたのも海人族だった。ワニ形の舟のことを「カヌー」とよぶのだと教えてくれたのかもしれない。いやいや、「ポリネシア語で解く日本の地名・日本の古典・日本語の語源」（井上政行作）によれば、ポリネシア語で大型のカヌーのことを「wa'a-nui」（ワーニ）と発音するらしい。ポリネシアといえば、ボラボラ諸島があるところだ！

さて最後にワニの姿に変身したトヨタマは、夫にこう告げて産室に入っている。

「異郷の者は本来の姿に戻って出産いたします。ですからそれを見られたくないのです」

違う世界の人間だから見ないでほしいとされているが、おそらくこれも違う。実際は陣痛が始まったら生まれるまで女性たちは命を賭して戦う。

「痛〜い！　やめて〜！　早く〜！　生まれる〜！」といった言葉は、自然とふるさとの言語になるだろう。本来の姿になるだろう。そんな言葉を夫に聞かれたくなかったのだ。

いや、体を前後左右にのたうち回りながら、新しい命を誕生させるのだ。七転八倒する姿は大きな動物が動いているようにも見える。

今でこそ子供が生まれるシーンを一緒に喜びたいと、陣痛が始まった妻に連れ立って夫が一緒に産室に入ることも多いが、出産というものは元来、神聖なものであり、それをわざわざ夫にも見られることに抵抗感を持つ女性も多いはずだ。想像を絶するのだ。だからといって、男は何の手助けもできない。ホヲリは逃げ出すしかできなかった。

「見るな」の禁を犯した罪に苛《さいな》まれ、その場を去ったのだと思う。それほどまでに子供を産むシーンを目にすることは、ショックなことだったのかもしれない。

だからこそ姫は「そんな姿を見ないでほしい」と言っただけなのだ。これもまた難産の表現を和邇族に引っ掛け、ワニの姿に変わって出産したと表現したのだと思われるのだ。

そして難産の末に、トヨタマ姫は御子《みこ》を産んだ。名を天津日高日子波限建鵜葺草葺不合《あまつひこひこなぎさたけうがやふきあえずの》命《みこと》（ウガヤフキアエズ）という。

しかし、トヨタマ姫は「いつまでも海の道を通って、あなたのそばにいようと思いましたが、こんな恥ずかしいところを見られ、正体がばれてしまってはこれ以上、一緒にいられません。今すぐ海の国へ帰ります」と帰っていく。それを機に海の底と地上を自由に行き来する道は完全に閉ざされたとされる。

ここぞワニ姫出産の宮

しかし、私はそうだとは思わない。おそらく難産の末、産後の肥立ちが悪かった母、ト

出産の宮とされる鵜戸神宮

ヨタマは一度、故郷へ戻ったのではないか。子育てもままならなかったのだろう。本復させ、ここに戻ってくる心積もりだった。しかし、姫は子供を置いてふるさとで亡くなったのではないのだろうか。

難産の場所、トヨタマ姫がウガヤフキアエズを産んだのが、宮崎県日南市にある鵜戸《うど》神宮である。鵜の羽で屋根を葺いたというのにもぴったりな神社の名である。

海中に聳《そび》える奇岩怪礁が、修験道の一大道場とされ、平安時代から「西の高野《こうや》」ともされ、鵜戸権現《ごんげん》として敬われていた。しかし明治の神仏分離令によって神社となったのである。宮崎のおなじみの民謡、「シャンシャン馬道中唄《うまどうちゆううた》」だが、この道中はこの神社の神幸祭でもある。

この洞窟を入ると……

歌の出だしは、〽鵜戸さん参りは　春三月よ…と歌われるが、明治末期まで日向地方では、新婚夫婦は神に報告するため、鈴をつけた鞍《くら》と赤い布を敷いたシャンシャン馬に花嫁を乗せ、花婿は手綱《たづな》を引いて鵜戸神宮を参詣するという習慣《ならわし》があった。それが、「鵜戸さん参り」だった。そんなことからここは出会いと結婚、安産、子だくさん、さらに健康祈願にご利益の庶民の神社としても人気があった。

今も鮮やかな、それも波による浸食によって形成された海蝕洞《かいしょくどう》とよばれる洞窟内に幣拝殿と結合している本殿が、神話そのままの優美さと神秘さを兼ね備えている。

断崖《だんがい》に打ちつける波を眺めながら「下り宮」の参道の石段を下りきると、海に向かって真っ赤な鳥居が見える。

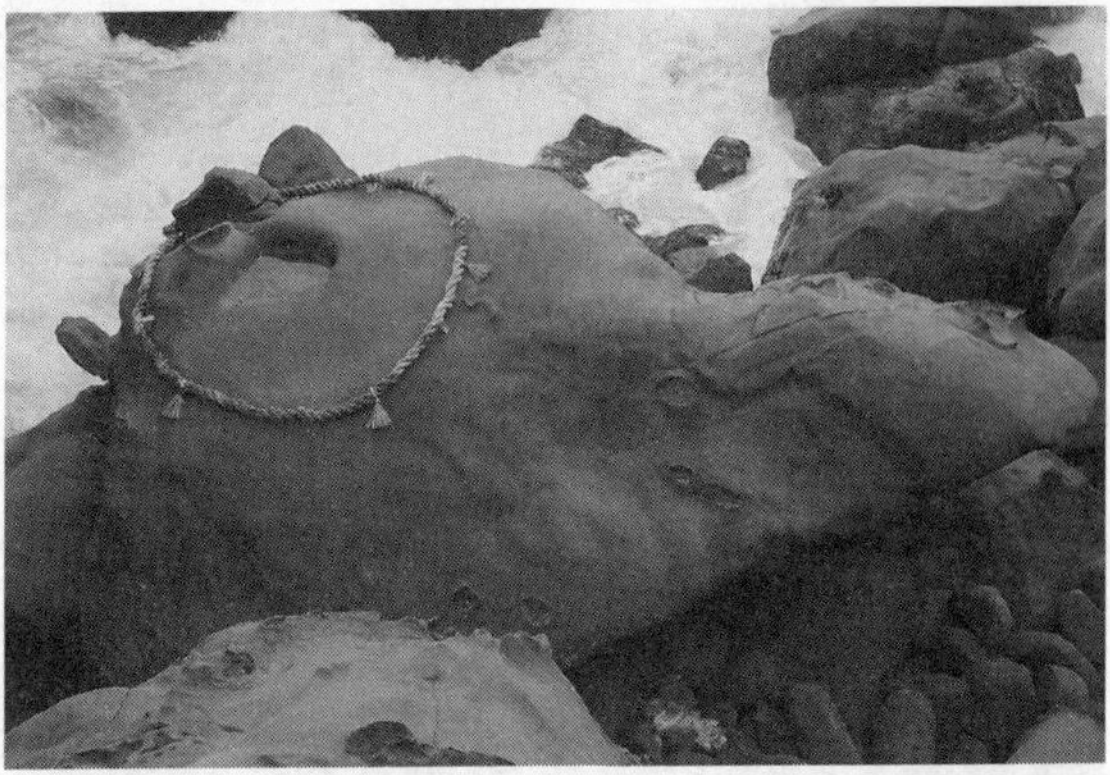

亀岩の甲羅の穴に運玉が入れば願いが叶う

海には姫が乗ってきたという亀が岩になったと伝わるその名も亀岩がある。亀の甲羅の穴の部分に向かって男は左手、女は右手で5個で100円の運玉を投げつける。穴はもちろん縄の甲羅の部分に当たれば、願い事が叶うとされる。

鳥居の奥に進む。まるでぽっかりと大きな口を開けたような洞窟である。中に入ると朱塗りの本殿。その絶妙でありアンバランスでもあるコントラストは度肝を抜く。

この社殿の裏手は薄暗い。ここでトヨタマは苦しみにのたうち回りながら、出産を終えたのであろう。そこに「お乳岩」がある。去ってゆくことになった母がせめてもの子供への罪滅ぼしにと、自分の乳房を引きちぎって洞窟の天井につけたものだと伝わっている。

洞窟の中の朱塗りの本殿はまさに神秘的

その岩から出るお乳水は今なお、絶えることなく岩清水を滴《したた》らせている。その水で作られた「お乳飴《ちちあめ》」はここの人気のお土産品でもある。妊婦がこの飴を食べたところ、乳の出がよくなったといわれる。さらにこのお乳飴に生姜を加えた「お乳飴湯」は古来より無病息災、健康、長寿の願いが聞き届けられると、親しまれている。

母は苦しみ、故郷へ帰ってゆく。もう二度と愛する夫にもそして息子にも会えない。

なぜにトヨタマ姫が亡くなったと思うのか、その理由は、すぐさま故郷に帰って妹の玉依毘売《たまよりびめ》（タマヨリ姫）に子育てを頼んでいるからである。

自分がワニだということがばれただけで帰ったとするのなら、妹もまたワニなのである。わざわざ妹に恥ずかしい思いをさせることはなかろう。

ワニはワニでも和邇氏だったからこそ、妹を養母として送り込めたのだろう。
本当は自分が一番、その場にいたかったはずだが、トヨタマにはもうその体力が残されていなかった。せめてお乳さえあれば、たとえ自分がいなくとも子供は育つはずだ。それも妹だったら一番安心して託すことができる。母はほんものの異界、死の世界に旅立っていったのだ。

ワニだった母が子を産んだ場所　合田道人厳選！　パワースポット神社の行き方

（鵜戸神宮）
宮崎県日南市大字宮浦3232　（0987）29・1001
JR油津駅からバスで約20分

二人の子供たちとその後

姉の代わりに養育者としてやってきたタマヨリ姫だったが、その後の運命は実に輝かしい。なんと成長した、姉の忘れ形見であるウガヤフキアエズと結婚するのだ。

タマヨリ姫はトヨタマの妹だが、二人がいくつ年が離れていたかは判明していない。だがホヲリの後添《のちぞ》えとして迎え入れられていないことから見て、アエズ少年とのほうが年齢的にも近かったと見ることができる。

アエズにとっては叔母だが、時には母として時には姉として小さい頃からタマヨリを慕っていた。結婚はごくごく自然の成り行きだったのかもしれない。

そして、二人はやがて父と母となったのだ。

長男は五瀬命《いつせのみこと》（イッセ）だが、東征に向かう途中、生駒山《いこま》で長髄彦《ながすねひこ》の抵抗に遭い、矢に当たって死んでしまう。次男の稲氷命《いなひのみこと》（イナヒ）は船が暴風雨に遭遇した際に海に入ってワニ、海神となったという。これは和邇氏を継ぐために祖母や母の故郷である海国へ戻ったと解することができる。

さらに三男の御毛沼命《みけぬのみこと》（ミケヌ）は波にのって常世《とこよ》の国へと行った。常世とは永遠に変わることのない神域を意味する。だから死の世界とも、楽園や桃源郷のようなものもそうよぶ。実は高千穂にこのミケヌの伝説が残っている。確かにここは永遠に変わることのない神域ではあるだろう。

高千穂の天孫降臨伝承が残る二上山《ふたかみやま》には、鬼八《きはち》という悪さをする鬼が住んでいた。まあ、悪党、暴力的なならず者がいたのだろう。それを退治して高千穂を治めてゆくのがミケヌなのだ。

アエズとタマヨリの4人の子供は、みなこの後の大和《やまと》国平定の東国遠征に参加することになるのだが、その後、ミケヌは高千穂に戻り、あららぎの里に宮を建て、鬼八にさらわれていた鵜目姫命《うのめひめのみこと》（ウノメ姫）を助け出し結婚することになるのだ。

あららぎの里の場所が、今の高千穂神社あたりだ。この神社の祭神を見ると、ニニギとサクヤ夫妻、ホヲリ、トヨタマ夫妻、アエズ、タマヨリ夫妻のほかに、しっかりミケヌとウノメ夫妻も祀られているのだ。

さらに高千穂神社の本殿右側に彫刻されているのは、鬼八を退治するミケヌなのだ。ミケヌはウノメ姫との間に8人の子供を作り、子々孫々高千穂を守ってゆくことになる。

高千穂神社の本殿に彫られた鬼を退治するミケヌ

そして時代は始まった

ウガヤフキアエズとタマヨリ姫夫妻の第4子、末弟の名を神倭伊波礼毘古命《かむやまといわれびこのみこと》（イワレビコ）という。ちなみに『日本書紀』では、神日本磐余彦尊《かむやまといわれひこのみこと》、始馭天下之天皇《はつくにしらすすめらみこと》、若御毛沼命《わかみけぬのみこと》、狭野尊《さののみこと》、彦火火出見《ひこほほでみ》と称されている。

そうである。イワレビコ、その人こそが初代天皇こと神武天皇なのである。

神武天皇生誕の地といわれるのが、宮崎県の狭野《さの》神社だが、そのあとイワレビコは、シオツチの翁から「東方の国の中心となる都を造るに適した場所がある」の進言を受けるまで、日向《ひゆうがの》国《くに》の人間として生きてゆく。

日向から大和への東征の旅を出発させるのである。そこには出立した地に建つ神社もあればゆかりの場所も残る。より一層身近になってくるのである。

『古事記』『日本書紀』は、ここで神の御世から天皇の御世の時代へと動き出す。

神武天皇が東征を終えて、大和の橿原《かしはら》神宮に入り、天皇として即位したのが2月11口とされる。

明治6（1873）年には、この日を祭日とし紀元節と定めたが、戦後の昭和23（1948）年に紀元節は廃止される。

だが昭和42（1967）年、紀元節は建国記念日の名に改められ、祝日となって現在に至っているのである。

ちなみに神武天皇が即位してから数えると、西暦2015年は2675年、2016年は2676年ということになる。こうなってくると、ここからは神話の世界を跳び越えて、現実的な歴史をより感じさせることになる。

次回作では、その後の『古事記』『日本書紀』を読み解きながら、またまたパワースポット、ゆかりの神社を訪ねる旅を続けてみたいと思っている。毎日を感謝しながらまたのご縁を楽しみにしている。

ありがとうございます。

本書の情報は2015年9月15日時点のものです。

また神社までのアクセス手段、所用時間はあくまで目安ですので、お出かけになる際は最新の情報をご確認ください。

神話をひも解きながらめぐる神社の旅

一〇〇字書評

切り取り線

購買動機（新聞、雑誌名を記入するか、あるいは○をつけてください）

□（　　　　　　　　　　　　）の広告を見て
□（　　　　　　　　　　　　）の書評を見て
□ 知人のすすめで　　□ タイトルに惹かれて
□ カバーがよかったから　　□ 内容が面白そうだから
□ 好きな作家だから　　□ 好きな分野の本だから

●最近、最も感銘を受けた作品名をお書きください

●あなたのお好きな作家名をお書きください

●その他、ご要望がありましたらお書きください

住所	〒				
氏名		職業		年齢	
新刊情報等のパソコンメール配信を 希望する・しない	Eメール	※携帯には配信できません			

あなたにお願い

この本の感想を、編集部までお寄せいただけたらありがたく存じます。今後の企画の参考にさせていただきます。Eメールでも結構です。

いただいた「一〇〇字書評」は、新聞・雑誌等に紹介させていただくことがあります。その場合はお礼として特製図書カードを差し上げます。

前ページの原稿用紙に書評をお書きの上、切り取り、左記までお送り下さい。宛先の住所は不要です。

なお、ご記入いただいたお名前、ご住所等は、書評紹介の事前了解、謝礼のお届けのためだけに利用し、そのほかの目的のために利用することはありません。

〒一〇一－八七〇一
祥伝社黄金文庫編集長　吉田浩行
☎〇三（三二六五）二〇八四
ohgon@shodensha.co.jp

祥伝社ホームページの「ブックレビュー」からも、書けるようになりました。
http://www.shodensha.co.jp/bookreview/

祥伝社黄金文庫

神話《しんわ》をひも解《と》きながらめぐる 神社《じんじゃ》の旅《たび》

平成27年10月20日　初版第1刷発行

著　者　合田道人《ごうだみちと》
発行者　竹内和芳
発行所　祥伝社《しょうでんしゃ》
〒101－8701
東京都千代田区神田神保町3－3
電話　03（3265）2084（編集部）
電話　03（3265）2081（販売部）
電話　03（3265）3622（業務部）
http://www.shodensha.co.jp/

印刷所　堀内印刷

製本所　ナショナル製本

　ISBN978-4-396-31673-0 C0195